DETHOLIAD O

DETHOLIAD O GYWYDDAU GOFYN A DIOLCH

Bleddyn Owen Huws

Cyhoeddiadau Barddas

Argraffiad Cyntaf — Tachwedd 1998

© Bleddyn Owen Huws

ISBN 1 900437 18 X

Y mae Cyhoeddiadau Barddas yn gweithio
gyda chefnogaeth ariannol Cyngor Celfyddydau Cymru,
a chyhoeddwyd y gyfrol hon gyda chymorth y Cyngor.

Cyhoeddwyd gan Gyhoeddiadau Barddas
Argraffwyd gan Wasg Gwynedd, Caernarfon

I DELYTH AC EILIR

Cynnwys

Rhagair

Ceir yma destun golygedig mewn orgraff ddiweddar o ddeg ar hugain o gywyddau gofyn a diolch, casgliad a oedd yn wreiddiol yn rhan o draethawd ymchwil a gyflwynais am radd Ph.D. Prifysgol Cymru ym 1995. Darllenwyd pob copi hysbys o'r cywyddau mewn llawysgrifau gan gymharu'r amrywiol ddarlleniadau, ac fe nodir yr amrywiadau testunol yn fy nhraethawd ymchwil. Mae amryw o'r cerddi hyn yn rhai sy'n ymddangos am y tro cyntaf erioed mewn print.

Yr unig gywydd nas cynhwyswyd yn y casgliad gwreiddiol yw rhif 17, sef eiddo Tudur Aled i ofyn march, cywydd y ceir cymaint â 76 copi ohono yn y llawysgrifau. Fe'i hailolygais ar gyfer y gyfrol hon ar sail detholiad o'r copïau gorau a phwysicaf, ac fe welir bod rhai mân wahaniaethau rhwng y testun a luniais i a'r testunau cyhoeddedig a geir yn *Gwaith Tudur Aled* (1926) ac yn *The Oxford Book of Welsh Verse* (1962).

Fy mwriad wrth gyflwyno'r pigion hyn yw agor cil y drws i ddarllenwyr cyfoes ar ganu eithriadol ddiddorol sydd ymhlith gwaddol cyfoethog barddoniaeth y Cywyddwyr, gan obeithio y tannir ynddynt awydd pellach am ddarllen mwy o gerddi cyffelyb.

Manteisiaf ar y cyfle hwn i ddiolch yn arbennig i dri o'm cyd-weithwyr am eu cyngor a'u cyfarwyddyd wrth imi baratoi'r gwaith ar gyfer ei gyhoeddi, sef yr Athrawon Gruffydd Aled Williams a D. J. Bowen, a'r Dr A. Cynfael Lake. Yr wyf yn dra dyledus i Mr Alan Llwyd am ei barodrwydd ar ran Cyhoeddiadau Barddas i ymgymryd â chyhoeddi'r gyfrol, ac am ei ofal wrth ei llywio drwy'r wasg. Mae'n dda gennyf hefyd gael cydnabod yn ddiolchgar y nawdd ariannol a dderbyniwyd gan Bwyllgor Gwobrau Hughes Parry yng Ngholeg Prifysgol Cymru, Aberystwyth, tuag at dreuliau cyhoeddi'r llyfr.

HYDREF 1998   BLEDDYN OWEN HUWS

Rhagymadrodd

Yr hyn a geir yn y gyfrol hon yw detholiad cynrychioladol o gywyddau gofyn a diolch a ganwyd rhwng dechrau'r bymthegfed ganrif a dechrau'r ail ar bymtheg, sef yn ystod oes aur y Cywyddwyr.[1] O'r holl fathau o gerddi a berthyn i'r cyfnod hwnnw yn hanes y traddodiad barddol Cymraeg, diau mai'r mwyaf telynegol a diddorol ohonynt i gyd yw'r cywyddau i ofyn ac i ddiolch am wahanol roddion. Rhan annatod o'u hapêl yw'r lle amlwg a neilltuir ynddynt ar gyfer disgrifio'r rhoddion yn fanwl a dychmygus, ac er nad yw'r gerdd ofyn na'r gerdd ddiolch fel ffurfiau llenyddol yn gyfyngedig i'n llenyddiaeth ni — fe'u ceir hefyd ym marddoniaeth rhai o lenyddiaethau eraill Gorllewin Ewrop — y mae'r disgrifiad estynedig o'r rhodd a geir yn y cywyddau yn gosod cymaint o fri arnynt fel y gallwn ddweud eu bod yn unigryw.

Yn ei hanfod, mae'r canu'n seiliedig ar y weithred o roi a derbyn ac yn adlewyrchu'r ddefod gymdeithasol o anrhegu a fodolai ymhlith y noddwyr a'u beirdd. Gallwn olrhain pwysigrwydd anthropolegol y ddefod yn ôl i gymdeithasau cynnar lle'r oedd iddi — ynghyd â'r arfer o ddarparu gwledd a lletygarwch — arwyddocâd arbennig.[2] Yr oedd cyfnewid rhoddion yn fodd i unigolion gyfathrebu â'i gilydd ac i sefydlu perthynas. Diau fod cyflwyno anrhegion hefyd yn gyfle i noddwr estyn ei ddylanwad a'i awdurdod personol, oherwydd mewn rhai cymdeithasau cynnar credid bod rhan o bersonoliaeth gŵr yn cael ei hymgorffori yn ei rodd.[3] Gellir ymron ag ymdeimlo â gwerth swynol rhai o'r anrhegion y canwyd i ddiolch amdanynt yn y detholiad hwn, yn enwedig yng nghywydd Ieuan Du'r Bilwg i ddiolch am ŵn coch ac yng nghywydd Lewys Morgannwg i ddiolch am ddwbled.

O gyfnod cynnar iawn yr oedd y berthynas rhwng bardd a'i noddwr yn ddibynnol ar gyfnewid wrth i'r noddwr gyflwyno rhodd i'w fardd, boed ddillad, gyfoeth neu arian, ac wrth i'r bardd yntau gyflwyno'i gerdd yn rhodd i'w noddwr. Hen, hen gwestiwn y bu beirdd ar hyd yr oesau

[1] Am ymdriniaeth fanwl â'r *genre*, gw. Bleddyn Owen Huws, *Y Canu Gofyn a Diolch c.1350-c.1630* (Caerdydd, 1998).
[2] Gw., er enghraifft, yr adran a enwir 'Giving and Taking' yn Emile Benveniste, *Indo-European Language and Society* (translated by Elizabeth Palmer, London, 1973), 53-100.
[3] Gw. y bennod 'Wealth and gift-bestowal among the ancient Scandinavians', yn Aaron Gurevich, *Historical Anthropology of the Middle Ages* (Cambridge, 1992), 188.

yn niwylliant y Gorllewin yn ymgodymu ag ef oedd pa mor briodol oedd cyfnewid cerdd am roddion materol drud a gwerthfawr. Er enghraifft, ceir cerdd gan fardd a'i galwai ei hun yn 'Alltud Iwerddon', ac a ganai yn llys Siarlymaen yn wythdegau'r wythfed ganrif, sy'n ymdrin yn benodol â'r priodoldeb o estyn cerdd yn rhodd. Cerdd ydyw ar ffurf ymddiddan rhwng y bardd a'r Awen, lle y disgrifir Siarlymaen fel rhyfelwr buddugoliaethus sy'n derbyn rhoddion ysblennydd o aur a dillad porffor a meirch. Pendrona'r bardd ynghylch pa anrheg y medr ef ei chyflwyno a allai gystadlu â'r rhoddion hynny, ac ateba'r Awen ef drwy ddweud fod barddoniaeth yn rhodd deilwng am fod celfyddyd y bardd yn anfarwol: *'Munera musarum saeclis aeterna manebunt!'* (Bydd celfyddyd barddoniaeth yn parhau'n dragywydd!).[4] Credai'r Cywyddwyr hefyd fod eu cerddi'n anfarwol, a dyna sy'n egluro paham y cyfeirir yn rhai o'r cywyddau gofyn at gyfnewid rhodd am gerdd. Fel y dywed Maredudd ap Rhys wrth gloi ei gywydd i ofyn am rwyd bysgota gan Ifan ap Tudur o Lanefydd, 'A cherdd a geffwch erddi'.

Y math cynharaf o gerdd ofyn a diolch oedd honno lle'r oedd y bardd naill ai'n diolch neu'n gofyn ar ei ran ei hun am rodd gan ei noddwr. Fe welir bod y pum cywydd diolch a gynhwyswyd yma yn gywyddau lle'r oedd y beirdd yn diolch am rodd a gawsant gan eu noddwyr, er ei bod yn debygol mai cerddi achlysurol oedd y cerddi diolch gan nad ydynt chwarter mor niferus â'r cerddi gofyn a gadwyd inni; ac fe welir hefyd fod y cywyddau lle y mae'r beirdd yn gofyn neu'n diolch ar eu rhan hwy eu hunain yn fwy goddrychol a phersonol eu cywair. Datblygiad diweddarach mae'n ymddangos oedd y gerdd lle y byddai'r bardd yn cynnig ei wasanaeth fel canolwr ac yn gofyn am rodd ar ran ei noddwr. Ar yr achlysuron hynny, byddai bardd yn cael ei gomisiynu i gyfansoddi cerdd ar ran y gofynnwr ac weithiau'n cludo'r rhodd iddo.

Dosberthid anrhegion yn helaeth ar adegau arbennig o'r flwyddyn yn y gymdeithas uchelwrol yng Nghymru a thu hwnt yn yr Oesoedd Canol diweddar.[5] Yn ystod y Nadolig a'r Calan, er enghraifft, arferai gweision roi menig yn rhodd i'w meistr fel arwydd o barch a ffyddlondeb, a rhoddai'r meistr yntau ddarnau o arian iddynt hwy yn gyfnewid.[6] (Nid yw'n amhosibl mai efelychu'r ddefod hon a'i throi â'i phen i waered a wna Dafydd ap Gwilym yn ei gywydd i ddiolch am fenig, lle y dywed

[4]Peter Godman, *Poetry of the Carolingian Renaissance* (London, 1985), rhif 20, ll. 33.
[5]Gw. Kate Mertes, *The English Noble Household, 1250-1600* (Oxford, 1988), 93.
[6]Gw. Rosemary Horrox (gol.), *Fifteenth-century Attitudes* (Cambridge, 1994), 67.

fod Ifor Hael wedi rhoi menig gwynion iddo ac ynddynt ddarnau o aur ac arian ym mhob bys, a hynny, efallai, er mwyn cyfleu fod Ifor mor driw i'w fardd ag yw gwas i'w feistr.[7] Wrth lunio'i ewyllys a'i destament olaf gofalai uchelwr fod ei eiddo personol yn cael ei rannu rhwng ei geraint, megis y gwnaeth William Bleddyn, Archddiacon Brycheiniog rhwng 1567 a 1577, cyn ei farw ar 15 Hydref 1590. Gofalodd gymynroddi eiddo a thir i'w dri mab, Anne ei wraig, ei dri mab yng nghyfraith, ei ferch, ei fam yng nghyfraith o'i briodas gyntaf, ei ŵyr, ei nai, ei was a'i forynion.[8] Mae'r ymorol a welir yn ewyllysiau'r cyfnod am drosglwyddo eiddo o'r naill genhedlaeth i'r llall yn dangos inni faint o werth a roid ar anifeiliaid a thrugareddau materol o bob math, gan gynnwys yn aml iawn y taclau a fyddai gan bobl at eu byw bob dydd.[9]

Cymynroddai llawer o uchelwyr hefyd roddion i'r tai crefydd, fel y gwnaeth Syr Thomas Salusbury o Ddinbych pan adawodd ugain punt, deuddeg o gesig a march o'r enw 'Y Glas Benllyn' i dŷ'r brodyr yn y dref honno.[10] Nac anghofiwn ychwaith am yr anrhegu a ddigwyddai adeg priodas mab neu ferch. Ceir cofnod am gytundeb priodas ym Môn yn niwedd yr ail ganrif ar bymtheg, er enghraifft, lle'r oedd tad y briodferch yn ymrwymo i roi arian i'w ddarpar fab yng nghyfraith ynghyd â cheffyl a thri gwely.[11] Ac mae'n amlwg hefyd fod aelodau o deuluoedd noddwyr y beirdd yn cyfnewid anrhegion am nifer o resymau: gallent fod yn gwneud hynny er mwyn dosbarthu neu fenthyca eiddo, er mwyn ennill ffafr ac estyn eu dylanwad, neu er mwyn cryfhau rhwymau carennydd a chyfeillgarwch. Gallent hefyd fod yn anrhegu ar adegau pwysig ym mywydau pobl. Awgrymaf yn fy nodyn ar y cywydd a ganodd Roger Cyffin i ofyn am wenyn gan Gadwaladr ap Huw o Gelynnog dros Huw ap Rheinallt a Gwenhwyfar ei wraig, er enghraifft, fod y gofynwyr yn bâr ar eu gorau ac yn dechrau sefydlu eu cartref, neu, yng ngeiriau'r bardd, yn dechrau 'cynnal tŷ'.

Detholwyd y cerddi sydd yn y casgliad hwn yn bennaf ar sail eu gwerth

[7]Thomas Parry (gol.), *Gwaith Dafydd ap Gwilym* (Caerdydd, 1952), rhif 9.
[8]Gw. J. Daryll Evans, 'The Will of William Bleddyn, Archdeacon of Brecon', *Brycheiniog*, xxvi (1992-93), 105-10.
[9]Am enghreifftiau o gynnwys ewyllysiau mewn un sir yn Lloegr, gw. Patricia Bell (gol.), *Bedfordshire Wills 1484-1533, The Publications of the Bedfordshire Society Historical Record Society*, 76 (1997). Ceir rhestr o'r eitemau yn y mynegai ar dudalennau 197-201.
[10]Gw. Atodiad C yn Glanmor Williams, *The Welsh Church from Conquest to Reformation* (Caerdydd, 1972), 563.
[11]Dafydd Wyn Wiliam, *Robert ap Huw (1580-1665)* (Dinbych, 1975), 26-7.

llenyddol, ond yn rhannol hefyd oherwydd eu gwerth hanesyddol fel cynrychiolwyr math arbennig o gywydd. Cynhwysir yma holl batrymau posibl y *genre* ar hyd ac ar led, ac fe welir yn fuan iawn fod i'r cywydd gofyn adeiladwaith gweddol osodedig. Agorir y cywydd drwy annerch y rhoddwr, ei foli ac olrhain ei ach yn unol â chonfensiynau'r canu mawl. Yna, mae'r bardd yn cyflwyno'r gofynnwr. Gallai hwnnw fod y bardd ei hun, neu, wrth reswm, drydydd person, gan amlaf gŵr neu wraig a oedd yn perthyn i'r rhoddwr drwy waed. Nodwedd amlwg ar y rhan hon o'r gerdd yw'r pwyslais a roir ar y cyswllt teuluol. 'Un waed ydych', medd Syr Huw Roberts Llên wrth ofyn am fen neu gert gan Huw ab Edward Rolant o Fellteyrn ar ran ei frawd yng nghyfraith, sy'n arwydd o bwysigrwydd cwlwm câr yn y cyfnod. Amrywiad digon deniadol ar y dull uniongyrchol o gyflwyno'r gofynnwr yn ffurfiol yn y trydydd person — fel y gwna Rhys Goch Glyndyfrdwy, er enghraifft, yn ei gywydd i ofyn bwcled gan Domas ap Huw o Lwyntidman dros Dudur ap Siôn, 'negeswr wy' / Dros Dudur' — oedd rhoi'r cywydd yng ngenau'r sawl a geisiai'r rhodd. Enghreifftiau o gywyddau felly yw eiddo Robin Ddu ap Siencyn Bledrydd i ofyn am bâr o arfau gan Siôn ap Maredudd o Ystumcegid dros Ddafydd ap Siancyn o Garreg-y-gwalch, ac eiddo Ieuan Deulwyn i ofyn am walch gan Huw Lewys o Brysaeddfed dros Abad Talyllychau.

Yna, daw rhan ganolog y gerdd, sef y disgrifiad o'r rhodd a geisid. Dyfalu yw'r term technegol a ddefnyddir am y grefft o lunio disgrifiad drwy ddefnyddio cyfres o drosiadau a chyffelybiaethau, cyfres sydd ambell waith yn ddilyniant rhesymegol a chydgysylltiol, dro arall yn wibiog ac yn ymddangosiadol ddigyswllt. Gan y Cywyddwyr cynnar y defnyddiwyd y ddyfais hon gyntaf, ac fe awgrymwyd y gallai fod perthynas rhwng dyfalu a cherddi pos (*riddles*) Hen Saesneg lle'r oedd gwrthrychau difywyd yn cael eu personoli. Awgrymodd Dr Huw Meirion Edwards, wrth drafod dechreuadau dyfalu fel techneg yn y bedwaredd ganrif ar ddeg, fod traddodiad poblogaidd o ganu dychymyg ar gael yn y Gymraeg a bod dyfalu'r Cywyddwyr yn ffurf ddyrchafedig arno.[12] Cyfuniad o hen ganu dychymyg posaidd a'r math o ddifenwi a difrïo a geid yng nghanu dychan y Gogynfeirdd diweddar oedd dyfalu yn ei hanfod. Erbyn y bymthegfed ganrif fe'i defnyddid i greu disgrifiadau dychmygus o'r rhoddion a geisid neu y diolchid amdanynt, ond erbyn ail hanner yr unfed ganrif ar bymtheg a hanner cyntaf y ganrif ddilynol gwelwyd peth dirywiad yn ansawdd

---

[12]*Dafydd ap Gwilym: Influences and Analogues* (Oxford, 1996), 149-50.

y disgrifiadau gan nad oeddynt mor wreiddiol ag yn y cyfnod cynt. Wrth gloi'r gerdd, arferol iawn oedd dymuno bendith ar y rhoddwr, neu ddweud yr ad-delid y rhodd iddo. Fe welir yn y cywydd a ganodd Rhys Cain i ofyn am darw brych gan Syr Wiliam Hanmer o'r Ffens dros Ifan ap Maredudd o'r Lloran Uchaf, fod y bardd yn dweud wrth y rhoddwr y byddai croeso iddo ofyn am rodd gan y gofynnwr pe cytunai i gyfnewid y tarw am gerdd:

O rhoi, Wiliam, rheolwr,
Y tarw er gwawd draw i'r gŵr,
F'annwyl, gofyn a fynnych,
Fo dâl bris dy fwdwl brych.

Un datblygiad newydd a welwyd yn y cerddi gofyn a ganwyd yng nghyfnod beirdd oes Elisabeth I oedd eu bod yn cynnwys peth doniolwch. Fe amlygid yr hiwmor ynddynt mewn dwy ffordd. Yn gyntaf, gwneid hwyl am ben y rhodd a erchid, yn enwedig pan ofynnid am geffyl, fel yn y cywydd a ganodd Simwnt Fychan i ofyn caseg gan Siôn ap Rhisiart o'r Gwynfryn dros Syr Huw Brwynog. Yn ail, ac yn amlach o lawer, gwneid hwyl am ben y sawl a geisiai'r rhodd yn union fel petai'n gyff gwawd. Gwelir y duedd hon amlycaf yng nghywyddau beirdd amatur fel Syr Dafydd Trefor a Thomas Prys o Blas Iolyn, ac mae'n bosibl eu bod wedi'u bwriadu i greu difyrrwch yng nghartrefi'r noddwyr pan fyddai cynulliad yn bresennol. Fe symudodd y pwyslais yn raddol gydag amser oddi wrth ddisgrifio'r rhodd at ddisgrifio cyneddfau'r sawl a'i ceisiai, gan adlewyrchu diddordeb cynulleidfa newydd mewn cyfnod pan oedd rhai o gonfensiynau'r canu efallai braidd yn dreuliedig.

Rhydd y detholiad hwn gipolwg gwerthfawr inni ar fyd yr uchelwyr a'r beirdd. Drwy sylwi'n un peth ar yr eitemau gwahanol y gofynnid ac y diolchid amdanynt yn y cywyddau, fe ddysgwn fod i anifeiliaid le amlwg a phwysig yn y gymdeithas, gan fod traean y cerddi'n gofyn neu'n diolch am wahanol greaduriaid. Mewn cymdeithas amaethyddol, fugeiliol byddai galw o hyd am anifeiliaid magu ac am anifeiliaid i drin y tir. Fel y gwelir, yr oedd cryn alw hefyd am arfau, am ddillad ac am adar, ond efallai mai'r eitemau mwyaf diddorol i ni yw'r rhai sydd ychydig yn fwy anarferol ac annisgwyl, megis y bad hir o Sbaen a geisiai Tomas Prys o Blas Iolyn, y rhwyd bysgota a ddeisyfai Maredudd ap Rhys, a'r pwrs addurnedig a dderbyniodd Guto'r Glyn. Gem o gywydd disgrifio yw eiddo Gruffudd ap Dafydd ap Hywel i ofyn am gyffion gan wŷr Harlech ar ran gwŷr Cricieth, lle y cawn gip ar y dull o gadw cyfraith a threfn mewn dwy dref gastellog yn y bymthegfed ganrif. Cywydd gafaelgar arall yw eiddo Robert Leiaf i ofyn am fwnci dof gan Siôn Moel o Fiwmares dros Huw Lewys o Brysaeddfed, lle y ceir disgrifiad dychanol a doniol o'r anifail anwes.

Mae amryw o'r cywyddau'n gysylltiedig mewn rhyw fodd â hela ac â'r byd awyr agored. Gan yr ystyrid hela yn nod ar uchelwriaeth, nid syn fod galw am fytheiaid ac am osog, sef math o hebog a ddefnyddid i hela. Yn ystod y drydedd ganrif ar ddeg, er enghraifft, arferai Roger Mortimer, iarll cyntaf y Mers, gadw gweilch hela yn Aberhafesb ynghyd â gweilch gleision yn y Waun, sef adar yr oedd y Cymry'n enwog am eu magu.[13] Ac yn achos y cywydd a ganodd Ieuan Deulwyn ar ran Abad Talyllychau i geisio gosog o Fôn, fe welir bod pobl yn fodlon cyrchu adar hela da o gryn bellter. Gan fod y beirdd yn hen gynefin â chrwydro'r wlad ar eu teithiau clera, nid syn yw gweld fod Ieuan Deulwyn wedi'i anfon â chais ar ran noddwr o'r De at noddwr o'r Gogledd.

Hawdd y gellid dadlau na fyddai'r detholiad hwn yn gyflawn heb y cywydd enwog a ganodd Tudur Aled i erchi march gan Ddafydd ab Owain, abad Aberconwy, ar ran Lewys ap Madog o Laneurgain. Nid hwn yw'r unig gywydd a ganodd Tudur Aled i ofyn march gan yr Abad Dafydd ab Owain, ond hwn, yn sicr, o ran y nifer o gopïau ohono a gadwyd yn y llawysgrifau, oedd y cywydd gofyn mwyaf poblogaidd erioed. Tystia'r amrywiaeth mawr a geir yn nhrefn llinellau a chwpledi yn y gwahanol gopïau, ynghyd â'r amrywiadau testunol, i'r modd yr ymdreiglodd y cywydd ar lafar o enau i enau am sawl cenhedlaeth. Cymaint oedd bri Tudur Aled fel bardd mawl ac fel disgrifiwr meirch fel bod beirdd diweddarach yn cyfeirio ato fel patrwm, yn union fel y gwnaeth Huw Machno yn ei farwnad i'w gyd-fardd, Siôn Tudur:

> I ŵr neu farch, trwy arch trodd,
> Mal Aled, mawl a eiliodd.[14]

Perthynai Tudur Aled i'r cyfnod a gysylltwn â'r Dadeni ym myd celfyddyd yn gyffredinol pan oedd pobl yng Nghymru yn dechrau ymdeimlo â chyffroadau newydd diwylliant y Cyfandir. Un nodwedd ar waith un o gewri celfyddyd weledol y Dadeni yn yr Eidal, sef Leonardo

[13]R. R. Davies, *Lordship and Society in the March of Wales, 1282-1400* (Oxford, 1978), 120, trn. 59.
[14]Enid Roberts (gol.), *Gwaith Siôn Tudur* (Caerddydd, 1980), rhif 213, llau. 75-6.

da Vinci, yw'r brasluniau sydd ganddo o feirch. Canolbwyntia'r brasluniau hynny ar wahanol gymalau corff march nes llwyddo i ddal holl rym, nwyf a chyffro symudiadau gosgeiddig yr anifail, a dywedid bod yr artist yn hoff iawn o feirch.[15] Mae'n anodd peidio â gweld cyfatebiaeth rhwng darluniau Leonardo mewn paent ac inc a'r darluniau geiriol a geir o farch yng ngwaith Tudur Aled. Onid yw beidio â bod a wnelo'r manylu cyfewin ar symudiadau a gosodiad march yng nghhywyddau gofyn y pencerdd o Gymro â'r diddordeb cyffredinol a fodolai yng nghelfyddyd cyfnod y Dadeni mewn creu efelychiadau manwl a byw o elfennau byd natur?

Mae'n werth dyfynnu sylw sydd gan yr Athro D. J. Bowen mewn troednodyn yn un o'i erthyglau sy'n awgrymu fod y cywyddau gofyn yn bethau a gomisiynid am eu gwerth esthetaidd yn bennaf, weithiau, yn hytrach na'u bod yn bethau a oedd yn gyfrwng ymarferol i gyflwyno cais am rodd:

> I'm tyb i, pinacl cywyddau'r bymthegfed ganrif yw cywyddau Tudur Aled i ofyn meirch (neu gesig neu ebol), neu i ddiolch amdanynt, gymaint felly fel na synnwn na fwriadwyd iddynt fod yn wir geisiadau am y rhodd bob amser, ond yn hytrach eu bod wedi eu comisiynu er mwyn eu gorchest yn unig yn y modd y comisiynid cywyddau serch, ond eto gan gadw at y confensiwn.[16]

Ond yn achos y cywydd march gan Dudur Aled a gynhwyswyd yn y detholiad hwn, credaf ei fod yn cynnwys cais gwirioneddol, oherwydd fe allai 'Cloch y ffair' yn llinell 64 fod yn cyfeirio at ffair geffylau, ac mae'n bosibl fod y cywydd yn wreiddiol wedi'i ddatgan naill ai yn llys yr abad Dafydd ab Owain cyn neu ar ôl i Lewys ap Madog brynu'r anifail, neu, yn wir, yn llys Lewys yn Llaneurgain. Rhaid cofio fod magu ceffylau yn un o hoffterau mawr rhai o abadau'r Oesoedd Canol diweddar; gwyddom i sicrwydd fod Dafydd ab Owain yn fagwr ceffylau o fri, ac nid yw'n annichon ei fod yn arfer arddangos meirch yr abaty cyn eu gwerthu mewn ffair.[17] Yn y cyswllt hwn, mae'r disgrifiad canlynol o'r

---

[15]Am enghreifftiau, gw. A. E. Popham, *The Drawings of Leonardo Da Vinci* (London, 1975), platiau 91-102.

[16]'Siôn Cent a'r Ysgwieriaid', *LlC*, 21 (1998), 23, trn. 66.

[17]Ar y cerddi gofyn meirch yn gyffredinol, gw. Bleddyn Owen Huws, ' "Fame lasts longer than a horse": poems of request and thanks for horses', yn Sioned Davies a Nerys Ann Jones (gol.), *The Horse in Celtic Culture: Medieval Welsh Perspectives* (Caerdydd, 1997), 141-61.

gwahanol geffylau a werthid yn ffair Smithfield yn Llundain yn yr
Oesoedd Canol yn cyd-fynd i'r dim â'r disgrifiad o farch yn tuthio ac
yn carlamu yng nghywydd Tudur Aled:

*Just outside one of the city gates there is a field which is as smooth in fact
as in name [Smithfield]. Here every Friday unless it is a major festival,
there is a wonderful show of fine horses for sale. All the earls, barons, and
knights who happen to be in the city and many of the citizens come either
to look on or to buy. It is a pleasing sight to behold the ambling nags, so
smoothly moving by raising and putting down alternately the two side feet
together. The great coursers for armed men move more roughly but yet
quickly, lifting up and putting down the two opposite fore and hind feet
together. Splendid young colts, not accustomed to the bridle, proudly prancing
kick about with their legs. Here are packhorses with strong, stout legs. There
are the shapely, valuable steeds, beautiful in build and noble of stature,
with ears and necks erect and plump haunches. In the movements of these,
what the buyers chiefly watch is, first, an easy, pleasant walk, and then
the gallop, when the two fore feet are raised and put down together and
the hind feet in like manner alternately.*[18]

★ ★ ★ ★ ★

Pan ofynnwyd rywdro i'r Dr John Gwilym Jones ymateb i un o gywyddau
Dafydd ap Gwilym, fe wnaeth hynny, meddai, ar un amod, sef ei fod
yn cael ei drin 'fel pe tai ddoe y'i cyfansoddwyd'.[19] Credaf fod yr
egwyddor honno'n un y byddai'n werth ei mabwysiadu wrth ddarllen
ac ymateb i gywyddau fel y rhain, oherwydd er eu bod wedi eu canu'n
wreiddiol ganrifoedd yn ôl, ac yn perthyn i gymdeithas sydd wedi hen
ddiflannu, fe erys eu gwerth llenyddol o hyd. Awgrymais eisoes mai yn
y disgrifiadau o'r gwahanol eitemau y gofynnid neu y diolchid amdanynt
y gorwedd prif werth a gwefr y cerddi, ac mae lle i gredu hefyd mai
oherwydd eu disgrifiadau byw a llawn dychymyg yr oeddynt mor
boblogaidd ymhlith y gynulleidfa ganoloesol. Os llwydda'r gyfrol hon
i roi blas ar foddau'r canu gofyn a diolch i garedigion barddoniaeth yn
gyffredinol, ac i fodloni eu chwaeth lenyddol yn y fargen, yna bydd wedi
cyflawni ei diben.

---

[18]Clair C. Olson a Martin M. Crow (gol.), *Chaucer's World* (Oxford, 1949), 228.
[19]'Mawl i'r Haf', *Y Traethodydd*, cxxxiii (Ebrill, 1978), 90.

Byrfoddau

ACLW	*Atlas of Cistercian Lands in Wales*, David H. Williams (Cardiff, 1990)
AGBH	William Gwyn Lewis, 'Astudiaeth o ganu'r beirdd i'r Herbertiaid hyd ddechrau'r unfed ganrif ar bymtheg' (Traethawd Ph.D. Prifysgol Cymru, 1982)
AP	*Armes Prydein*, gol. Ifor Williams, (Caerdydd, 1955)
B	*Bwletin y Bwrdd Gwybodau Celtaidd* (Caerdydd, 1921-)
BBBGDd	*Blodeugerdd Barddas o'r Bedwaredd Ganrif ar Ddeg*, gol. Dafydd Johnston (Llandybïe, 1989)
BC	*Y Bywgraffiadur Cymreig*, ail argraffiad (Llundain, 1953)
BD	*Brut Dingestow*, gol. Henry Lewis (Caerdydd, 1942)
Ba(Mos)	Llawysgrif yng nghasgliad Bangor Mostyn ym Mhrifysgol Cymru Bangor
BL Add	Llawysgrif Ychwanegol yng nghasgliad y Llyfrgell Brydeinig, Llundain
Brog	Llawysgrif yng nghasgliad Brogyntyn yn Llyfrgell Genedlaethol Cymru, Aberystwyth
CCHChSF	*Cylchgrawn Cymdeithas Hanes a Chofnodion Sir Feirionnydd* (1949-)
CLC	*Cydymaith i Lenyddiaeth Cymru*, gol. Meic Stephens (Caerdydd, 1997)
CLlGC	*Cylchgrawn Llyfrgell Genedlaethol Cymru* (Aberystwyth, 1939-)
CO	*Culhwch ac Olwen*, goln Rachel Bromwich a D. Simon Evans (Caerdydd, 1988)
CPR	*Calendar of Patent Rolls* (London, 1901-1948)
CTC	Catrin T. B. Davies, 'Cerddi'r tai crefydd' (Traethawd M.A. Prifysgol Cymru, 1972)
Cw	Llawysgrif yng nghasgliad Cwrtmawr yn Llyfrgell Genedlaethol Cymru, Aberystwyth
DOC	*Drych yr Oesoedd Canol*, goln Nesta Lloyd a Morfydd E. Owen (Caerdydd, 1986)
DWH	*The Development of Welsh Heraldry*, M. P. Siddons, 3 cyfrol (Aberystwyth, 1991-3)
Dwnn	*Heraldic Visitations of Wales*, 2 gyfrol, gol. S. R. Meyrick (Llandovery, 1846)
GB	*Y Geiriadur Beiblaidd*, 2 gyfrol (Wrecsam, 1926)
GBMD	Owen Owens, 'Gweithiau barddonol Morus Dwyfech' (Traethawd M.A. Prifysgol Cymru, 1944)
GDE	*Gwaith Dafydd ab Edmwnd*, gol. Thomas Roberts (Bangor, 1914)
GDG[3]	*Gwaith Dafydd ap Gwilym*, gol. Thomas Parry, trydydd argraffiad (Caerdydd, 1979)
GDIDGIH	*Gwaith Deio ab Ieuan Du a Gwilym ab Ieuan Hen*, gol. A. Eleri Davies (Caerdydd, 1992)

GDLlF   *Gwaith Dafydd Llwyd o Fathafarn*, gol. W. Leslie Richards (Caerdydd, 1964)

GGGl   *Gwaith Guto'r Glyn*, gol. J. Llywelyn Williams ac Ifor Williams (Caerdydd, 1939)

GGH   *Gwaith Gruffudd Hiraethog*, gol. D. J. Bowen (Caerdydd, 1990)

GHC   *Gwaith Hywel Cilan*, gol. Islwyn Jones (Caerdydd, 1963)

GHCEM   *Gwaith Huw Ceiriog ac Edward Maelor*, gol. Huw Ceiriog Jones (Caerdydd, 1990)

GHCLlE   *Gwaith Huw Cae Llwyd ac Eraill*, gol. Leslie Harries (Caerdydd, 1953)

GID   *Casgliad o Waith Ieuan Deulwyn*, gol. Ifor Williams (Bangor, 1909)

GIF   *Gwaith Iorwerth Fynglwyd*, gol. Howell Ll. Jones ac E. I. Rowlands (Caerdydd, 1975)

GIG   *Gwaith Iolo Goch*, gol. D. R. Johnston (Caerdydd, 1988)

GIGE   Nest Scourfield, 'Gwaith Ieuan Gethin ac Eraill' (Traethawd M. Phil. Prifysgol Cymru, 1993)

GLGC   *Gwaith Lewys Glyn Cothi*, gol. Dafydd Johnston (Caerdydd, 1996)

GLM   *Gwaith Lewys Môn*, gol. Eurys Rowlands (Caerdydd, 1975)

GOLlM   *Gwaith Owain ap Llywelyn ab y Moel*, gol. Eurys Rolant (Caerdydd, 1984)

GPC   *Geiriadur Prifysgol Cymru* (Caerdydd, 1951-)

GSC   *Gwaith Siôn Ceri*, gol. A. Cynfael Lake (Aberystwyth, 1996)

GST   *Gwaith Siôn Tudur*, gol. Enid Roberts, 2 gyfrol (Caerdydd, 1981)

GTA   *Gwaith Tudur Aled*, gol. T. Gwynn Jones, 2 gyfrol (Caerdydd, 1922)

GTPlTP   *Gwaith Tudur Penllyn ac Ieuan ap Tudur Penllyn*, gol. Thomas Roberts (Caerdydd, 1958)

GWLl   Roy Stephens, 'Gwaith Wiliam Llŷn' (Traethawd Ph.D. Prifysgol Cymru, 1983)

HPE   *Historia Peredur vab Efrawg*, gol. Glenys W. Goetinck (Caerdydd, 1976)

HPF   *History of the Princes, the Lords Marcher, and the Ancient Nobility of Powys Fadog*, J. Y. W. Lloyd, 6 chyfrol (London, 1881-7)

IGE⁴   *Cywyddau Iolo Goch ac Eraill*, gol. Henry Lewis, Thomas Roberts ac Ifor Williams, argraffiad newydd (Caerdydd, 1979)

LBS   *The Lives of the British Saints*, goln S. Baring-Gould a J. Fisher, pedair cyfrol (London, 1907-13)

LGC   *Gwaith Lewys Glyn Cothi (Detholiad)*, gol. E. D. Jones (Caerdydd,
(Detholiad) 1984)

LlC   *Llên Cymru* (Caerdydd, 1950-)

LlGC   Llawysgrif yng nghasgliad Llyfrgell Genedlaethol Cymru, Aberystwyth

Llst   Llawysgrif yng nghasgliad Llansteffan yn Llyfrgell Genedlaethol Cymru, Aberystwyth

M   Llawysgrif yng nghasgliad Mostyn yn Llyfrgell Genedlaethol Cymru, Aberystwyth

MFGLl   *Mynegai i Farddoniaeth Gaeth y Llawysgrifau*, 12 cyfrol (Aberystwyth, 1978)

NBLl   Elisabeth M. Phillips, 'Noddwyr y beirdd yn Llŷn' (Traethawd M.A. Prifysgol Cymru, 1973)

NBSBM	Tegwen Llwyd, 'Noddwyr y beirdd yn siroedd Brycheiniog a Maesyfed' (Traethawd M.A. Prifysgol Cymru, 1988)
NBSGaer	Eurig R. Ll. Davies, 'Noddwyr y beirdd yn sir Gaerfyrddin' (Traethawd M.A. Prifysgol Cymru, 1977)
NBSG	Iwan Llwyd Williams, 'Noddwyr y beirdd yn sir Gaernarfon' (Traethawd M.A. Prifysgol Cymru, 1986)
OBWV	*The Oxford Book of Welsh Verse*, gol. Thomas Parry (Oxford, 1962)
OCD	*The Oxford Classical Dictionary*, ail argraffiad (Oxford, 1970)
OED	*The Oxford English Dictionary*, ail argraffiad (Oxford, 1989)
OPGO	*L'Oeuvre Poitique de Gutun Owain*, gol. É. Bachellery (Paris, 1950-1)
Pedigrees	*Pedigrees of Anglesey and Carnarvonshire Families*, J. E. Griffiths (Horncastle, 1914)
Pen	Llawysgrif yng nghasgliad Peniarth yn Llyfrgell Genedlaethol Cymru, Aberystwyth
PKM	*Pedeir Keinc y Mabinogi*, gol. Ifor Williams (Caerdydd, 1930)
PWDN	*Poetical Works of Dafydd Nanmor*, goln Thomas Roberts ac Ifor Williams (Cardiff, 1923)
PWLMA	*The Principality of Wales in the Later Middle Ages: South Wales 1277-1536*, Ralph Griffiths (Cardiff, 1972)
RBH	*The Poetry in the Red Book of Hergest*, Gwenogvryn Evans (Llanbedrog, 1911)
RWM	*Report on Manuscripts in the Welsh Language*, J. Gwenogvryn Evans (London, 1898-1910)
TC	*Y Treigladau a'u Cystrawen*, T. J. Morgan (Caerdydd, 1952)
TCHNM	*Trafodion Cymdeithas Hanes a Naturiaethwyr Môn* (1913-)
TrCy	*Transactions of the Honourable Society of Cymmrodorion* (London, 1892-)
TrDinb	*Trafodion Cymdeithas Hanes Sir Ddinbych* (1952-)
TWS	*Traditions of the Welsh Saints*, Elissa R. Henken (Woodbridge, 1987)
TYP	*Trioedd Ynys Prydain*, gol. Rachel Bromwich (Caerdydd, 1961)
WCD	*A Welsh Classical Dictionary: People in History and Legend up to about A.D. 1000*, Peter C. Bartrum (Aberystwyth, 1993)
WG(1)	*Welsh Genealogies AD 300-1400*, Peter C. Bartrum (Cardiff, 1974)
WG(2)	*Welsh Genealogies AD 1400-1500*, Peter C. Bartrum (Aberystwyth, 1983)
YB	*Ysgrifau Beirniadol*, gol. J. E. Caerwyn Williams (Dinbych, 1965-)
YCM	*Ystorya De Carolo Magno*, gol. Stephen J. Williams (Caerdydd, 1930)
YEPWC	*Ymryson Edmwnd Prys a Wiliam Cynwal*, gol. Gruffydd Aled Williams (Caerdydd, 1986)

amherff.	amherffaith
amhers.	amhersonol
amr.	amrywiad
c.	*circa*
col.	colofn
cymh.	cymharer
dib.	dibynnol
gol.	golygydd
goln	golygyddion
gorff.	gorffennol
ll.	llinell
llau.	llinellau
Llsgr.	llawysgrif
llsgrau.	llawysgrifau
llu.	lluosog
m.	marw
n.	nodyn
pres.	presennol
Saes.	Saesneg
SC	Saesneg Canol
trn.	troednodyn
un.	unigol

(1)

I ofyn baslart gan
Ddafydd ap Hywel y Gof

Lle cyfyng, durfing derfysg,
Y bydd, Duw a ddyrydd dysg,
Drud heliwr craff, praff a'u pryn,
4 Dwyffridd fforest a dyffryn,
Oni bydd abl, digabl daith,
Ei offer, orau affaith,
I gynnal, brwydr arial bryd,
8 Golau fodd, ei gelfyddyd.
Cyd bwyf yn arwain, glain glân,
Bwa a milgi buan,
Pei lladdwn, eurwn araith,
12 Ag wynt, ardderchog yw'r gwaith,
Dinewyn lwdn deunawosgl,
Disglair ar drum, esgair drosgl,
Anodd, daliodd adolwyn,
16 I ddyn yn unbaich ei ddwyn
Oni cheir arf, geindarf gu,
Chwarae taer, i'w chwarteru:
Bu bruddfab, byw ebrwyddfaich,
20 O brudd rhwng ysgwydd a braich.

A ŵyr neb diarhebawl
Pa le y cair, am air mawl,
Cyllell un awch cu ellyn
24 O'r gwaith hwn, fenswn a fyn?
Gan Ddafydd gain ei ddefawd,
Carwr gwych, y'i ceir er gwawd,
Penceirddfab arab wryd,
28 Hywel, bensaer metel byd,
Ufuddlawch, carw llymawch coeth
O Bebylldda, bu bwyllddoeth.

Gorau perchen, diben dawn
32 Gynnil, gefail ac einiawn,
Edwin ffawd, edwyn y ffydd,
Da a dwfn, ydyw Dafydd.
Nid oes gwaith, nawtaith natur,
36 Na dim ar fetel na dur,
Ys huawdl ar ias haearn,
Nas gwypo efô a'i farn.
Gŵyr feistr ystlysiaith, iaith iach,
40 Felly ynys Afallach.
Gŵyr gelfyddyd, seithbryd sâl,
Hynod obaith hen Dubal.

Pôr dewrddrud, parod erddrym,
44 Pair am fy sôn anfon ym
Gyllell, yn gynta' gallo,
Glaer, o blith marwor a glo,
Las a chyweithas, awch wedn,
48 Lem, flaenfain fel adainedn,
Ac ar ei chefn, dodrefn da,
Cofiawdr ddur, dorllwyth cyfa':
Treinsiwr, bwytgyn tirionswch,
52 Tanllif nod rhif rhag naid trwch.
Treinsiwr rhag sor i dorri,
Traul hawdd, cwbl o'n ansawdd ni.
Bwytgyn hardd i befrfardd bun,
56 Mynudlathr mynawydlun,
I gweirio, chwedl a garwn,
Cyrrau cynllyfanau cŵn.
Tanllif gallestr gur, dur don,
60 Ufel wrych, efail wreichion,
I dynnu'n wir gywirchwaen,
I mi, yr engyl o'r maen;
I lestair, cywair y'i caf,
64 Ornest ewinrhew arnaf.
Ymhell cwplach oedd felly
Troell lafn, llaw trafn, yn lle try.

Rhyfalch fyddaf os Dafydd,
68 Rhugl ddyfrys, i Rys a rydd
Baslart hardd gan Bowyslu,
Beisledr ddlif, ganol-llif gu.
Nith brwydr ddifreg a'i hegyr,
72 Trwyadl yw clod Rhawd y Clŷr;
Modryb lem i hylltrem hwn,
Cwrseus i darfu carsiwn.
Balch o lawrodd fu'i rhoddi,
76 Chwaer hen Galedfwlch yw hi;
Chwech o'i gelynion ni chwardd,
Chwaer ddewr undaer Ddurendardd.
Ysgithrlas awchlas wychliw,
80 Ysgytiai frath Ysgot friw;
Ysgythrwraig myrdd, ffyrdd a'i phâr,
Asgell gwayw, isgell gwyar;
Ysgipddwrn angddwrn ingddellt,
84 Ysgorn maes, ysgyren mellt;
Ysgon drud, asgen y drin,
Asau gleifiawdr, ys glewfin;
Ysgipiai farf, arf araul,
88 Ysgwydwydr hwyl belydr haul.
Ysgafn fydd ei llafn i'm llaw,
Esgud oll, ys gad eilliaw,
Esgyrnfriw ddur, gur gerydd,
92 Ys gŵyr hon ysgorio hydd.

RHYS GOCH ERYRI

27

(2)

I ofyn paun a pheunes gan
Robin ap Gruffudd Goch
dros Lowri Llwyd ferch Ronwy

Rhoed y gwin, rhydeg ener,
Robin wyd, ddihareb nêr,
Gorf pobl, gwir fab pybyr
4 Gruffudd Goch, gorhoffedd gwŷr,
Ŵyr Ddafydd hydd, rhydd yr hawl,
A gorwyr Fadog wrawl.
Ŵyr Rhys wyt, o ras ateg,
8 A geidw'r tir o Gadrod teg;
Hil y Penwyn, help ynny,
Huail gwŷr Rhos, haelgarw hy.
Tŵr ac urddas tra gerddych,
12 Tir y dug it, wrda gwych,
A goludog, glew ydwyd,
Fel Siob, ail i Felwas wyd,
Ar aur mâl, eryr, a meirch,
16 A gwiw olud ac eleirch,
A chŵn a gweilch, wych iawn gâr,
A pheunod, fy hoff wanar.

Gan fod iti beunod, bôr,
20 Glân, ifainc, galon Ifor,
Y rhoi baun hardd rhuban hyd,
A pheunes o'r un ffunud
I Lowri Llwyd, loer y llys,
24 Ferch Ronwy, fraich yr ynys.
Da oedd gael, mor hael yw hi,
Delwau euraid i Lowri,
A da iawn y gweddai dod
28 I unbennes wen beunod.

Gwylain euraid, glân, araul,
Gweadau rhwyd, gwydr a haul.
Garanod un garennydd,
32 Gleiniau dail, goleuni dydd.
Ail yw'r paun i liw'r penwaig
Â'r haul ger heli ac aig.
Ednod teg yw'r llydnod tau,
36 Aur ac asur wregysau.
Abad adar byd ydyw,
Abid ar lled bedwar lliw.
Ŵyr i'r maharen euraid,
40 Aur gyw, er nad yw un daid.
Wybren megis yn brennol
A fwriai ef ar ei ôl:
Llwyn glaswyrdd, llen eglwysig,
44 Llun meillion bron yn ei brig.
Gwiail elydr goleuliw
A geidw'i gorff yn goed gwiw.
Deuliw gold o'i dâl a gaid,
48 Dail sirian yn deils euraid.
Sidan gyrs osodai'n goed,
Syth iawn fel saethau unoed.
Gwydr blu, gwead aur blaid,
52 Gŵyr wasgaru gwrysg euraid.
Rhywiog edn ar hoyw gadair,
Rhyw dwyn â modd rhedyn Mair.
Modrwyau, gweadau gwiw,
56 Meirch ieirll, a mawrwych eurlliw.
Wi o'r aur grefft ar ei grys!
Wi o'r lliw ar y llewys!
Barwn hynod brenhinwisg,
60 Y paun teg, tâl punt ei wisg.
Brithyll aur, braith yw y llen,
Bryd Gabriel, brodiog wybren.

Er mwyn merch, oleuserch lin,
64 Dudur wiwbarch, dod, Robin,
Y paun rhwyddwisg, pen rhuddaur,
A pheunes hoyw â ffens aur.

Lowri gwnaed help, Law Ariant,
68 I Lowri'i nith, liw eiry nant,
Wrthyt, ŵr hael, arth tir Rhos,
Am yr adar marwydos.
Na omedd, y fun emaur,
72 Hi, er Duw, o'i rhodau aur.
O rhoddi i Lowri lân
Eirioes adar o'r sidan,
Rhydd iwch un rhodd ychwaneg,
76 Eu pwyth, wawd hoyw, pethau teg.

CYNFRIG AP DAFYDD GOCH

(3)

I ofyn huling gwely gan Elin ferch
Llywelyn ap Hwlcyn o Brysaeddfed

Aur Angharad Law Arian,
A'i gwin gynt a gâi un gwan,
Cyn rhwydded y cawn roddion
4 Elin ferch lawen o Fôn:
Hi ydyw'r lili ar lawnt,
Haul Lywelyn, hael alawnt,
Corff planed Prysaeddfed yw,
8 Caneidwen Hwlcyn ydyw;
Hon yw Non o hen Ynyr,
Non o gyff Nannau a'i gwŷr,
O frig Meurig tir Meirion,
12 O ddail mawr Cynddelw Môn.
Saint Catrin am ffrwyth gwinwydd,
Elin ferch Llywelyn fydd,
Ac yn olew gan Elin
16 Y mae i'w roi bumryw win;
O'i llaw y rhydd, i'r llu rhawg,
Elin wledd Elen Luddawg.
Bendith Dderfel i Elin,
20 Brig bonedd Gwynedd y gwin;
Ei chlod, y ferch o Lwydiarth,
Sy o'i bro dros Aber-arth.

Gormodd, myn eglwys Garmon,
24 I'm oes yw f'anfoes ar Fôn;
Aed fy nghwyn at haul Wynedd,
Cwyn a wnaf rhag cŵn un wedd,
Rhag ffalsed, rhag oered oedd
28 Gaer Lleon Gawr a'i lluoedd:
Hon a ysbeiliodd fy nhŷ
O'm hug alont a'm gwely,

Ac yn noethach y'm gwnaethant
32 Na'r gleisiad yn nofiad nant.
Yr wyf yn noeth heb fawr wrid,
Mae naw carl i'm un cwrlid.

Mae Elin imi eilwaith
36 O'i llaw'n frau yn rhoi llen fraith:
Tapin o ddail y gwinwydd,
Torsed gogyfled â'r gwŷdd.
Y mae'n y llen im naw lliw,
40 Naw edn ar frethyn ydyw,
Naw o geirw yn eu gorwedd
Ac â naw ewig un wedd.
Deuddeg o ddail medleilas
44 A deg o liw du a glas —
Yr oedd gant o wyrdd a gwyn,
Yr oedd mil rhudd a melyn.
Delwau mân, gwaith dwylo merch,
48 Derw a llun adar llannerch.
Wybren a gudd dalcen dyn,
Awyr brithwyrdd yw'r brethyn;
Ni ad y rhodd hyd yr haf
52 Nac oernos nac iâ arnaf.

Elin im ar wely noeth
A rydd baner werdd beunoeth.
Mahallt ferch Hywel Selau,
56 Am air i hon a'i mawrhau,
A roes huling, ers helynt,
Gwely am gerdd Gwilym gynt.
Arglwyddes, feistres o Fôn,
60 A ry arall yr awron.
Dof at Gynwrig ap Dafydd,
I'r tir ydd af at wawr ddydd,
Hawdd gyda'm gwahawdd im gael
64 Ei threth a bath ŵyr Ithael,
Gwledd gan Gynwrig o'i law,
A da Elin o'i dwylaw.

32

Dêl llen dros fy ngobennydd,
68 Dêl rhad i'r dwylo a'i rhydd,
Dêl i Gynwrig ac Elin
Dair oes i roi deuryw win.

LEWYS GLYN COTHI

(4)

I ddiolch i Gatrin, gwraig Dafydd Llwyd o Abertanad, am bwrs

Mawr yw'r gair am y teir-rhodd,
Mae un o'r rhain mwy na rhodd:
Menig pendefig Dafydd,
4 Ifor Hael, pwy'n fwy a'u rhydd?
Yr ail fu fodrwy Iolo
A roesai Fawd o'i ras fo.
Pwrs i minnau, pris mwynwawd,
8 A roes merch un ras â Mawd.
Amner yw hwn mewn aur rhudd
A frodies merch Faredudd,
Calennig, haul y waneg,
12 Catrin dwf caterwen deg.
Rhoddes im bwrs a rhuddaur,
Rhyw oedd i hon roddi'i haur.
O lwyth Gwên, gwehelyth gwŷr,
16 Ac o Einion ac Ynyr;
Gwinwydd, Eifionydd feinir,
Gwynedd oedd hon, Gwenddydd hir.
Gwisgodd rodd i'm gwasg oedd raid,
20 Goffr sirig a phwrs euraid,
Llyna bwrs, a'm llaw'n ei ben,
A ddanfonai ddyn feinwen!
Pwrs hywerth, Paris wead,
24 Prennol aur nis prynai wlad.
Awenydd wyf yn ei ddwyn,
A chywyddol merch addwyn;
Clerwr i wraig hael hirynt,
28 Fam y gŵr, fu yma gynt.

Mawr yw dawn ym mro Danad,
Mae Duw'n rhoi am y da'n rhad
Llaw Werful oll i arall,
32 Llyna'r haelder yn lle'r llall.
Ni bu yno neb anael,
Ni bu'r cwrt na bai wraig hael;
Ni bu'r man heb aur a medd,
36 Ni bwyf innau heb f'annedd.
Dan ddwy graig, dau annedd gras,
Y bu'r gerdd a brig urddas:
Craig Nannau lle bu'r ddau dda,
40 Craig hefyd Carreg Hofa.
Maenor fwyn, mae yno'r ferch
Mwy'i rhodd na chymar Rhydderch.
Dyn a droes, da in a drig,
44 Dau alwar dduw Nadolig:
Melfed im, molaf y daith,
A damasg i'm cydymaith.

Mae rhoddion im o'r eiddi,
48 Mae rhos aur ar fy mhwrs i,
Un faint ar y glun yw fo
Ag alwar anrheg Iolo.
O fewn hwn, efô yw 'nhai,
52 Y mae annedd fy mwnai,
Tŷ'r gild, a'r tyrau goldwir,
Tair llofft o'r tu arall hir;
Llyna dlws llawen i dlawd,
56 Llys i'm deufys a'm dwyfawd,
Cwrt mawr ni ddwg grotiau mân,
Croes adail, caerau sidan;
Cwyts da aur, caets aderyn,
60 A'r gist aur wrth wregys dyn.
Eres o goed a roes gwen
Wrth fysedd fel perth Foesen;
Edafedd lloer Dafydd Llwyd
64 A droes dyfr ar draws deufrwyd.

35

Addwyna' cwpl o ddynion
Yw'r Llwyd hael a'r lleuad hon:
Hael yw fo, ei hawl a fydd,
68 Hael ei fun, haul Eifionydd.
Yr em aelfain o'r melfed
A roes crair ar byrsiau Cred,
Ŵyr Anna a ro einioes
72 I'r gŵr hael a'r wraig a'i rhoes.

GUTO'R GLYN

(5)

I ofyn benthyg Llyfr y Greal gan
Drahaearn ab Ieuan o Went dros
Ddafydd ab Ieuan, abad Glynegwestl

Oed triwyr it, Trahaearn,
Awdur byd i dorri barn,
Ab Ieuan, rhent o Ben-rhos,
4 Amheurig wyt, i'm haros;
Yr ail gŵr o Hywel Gam,
A'r trydydd at ryw Adam.
Cyd-deyrn yw'r coed tëyrnaidd,
8 Cynfyn a Bleddyn a Blaidd.
Dy lin o Wysg hyd Lyn-nedd,
Dy genedl Deau a Gwynedd,
Dy waed rhywiog, Trahaearn,
12 Dy ddiwedd byd fo Dydd Barn.
Gwreiddiodd a cherddodd eich iau,
Glod Dwywent a gwlad Deau;
Llygad Gwyn Llŵg wyd i gyd,
16 Llaw a llyfr y llall hefyd.
Y byd gynt, wybodau gwŷr,
A borthaist, y bu Arthur;
Llaw Nudd Caerllion oeddych,
20 A'u llaw a ddônt i'r lle 'dd ych.
Awn i'ch cwrt, yno y'ch cair,
Uwch Hwlffordd fel uchelffair,
Wyth gan mil a'th ganmolant
24 O Frysto i Benfro bant;
O Aber- teg, lle briw ton,
Daugleddau, hyd Gelyddon.
Doeth wyneb, da y'th enwir,
28 Defodau holl Dyfed hir.

Un o weilch, a'i wayw a'i nerth,
Iarll Herbart gerllaw Arberth,
A chael henw uwchlaw hynny
32 Wyth wlad dy hun a thâl tŷ.

Abad ein gwlad a wna gwledd,
Llanegwestl, oll un agwedd;
Un gost gwin a rhost yn rhydd
36 Uwch dwyford, chwi a Dafydd;
Un ddiwyg yn y ddwyallt,
Eithr ei wisg a thorri'i wallt.
Holl Gymru â i'r tŷ tau,
40 Holl Went, oedd felly yntau;
Ef o wraidd y cyf'rwyddyd,
Chwithau o wybodau byd.
Am un llyfr y mae'n llefain
44 A gâr mwy nag aur a main;
Echwynfawr oedd iwch anfon
Y Greal teg i'r wlad hon,
A llyfr y gwaed, llyfrau gwŷr,
48 Lle syrthiodd yn llys Arthur;
Llyfr enwog o farchogion,
Llyfr at grefft yr holl Fort Gron,
Llyfr eto yn llaw Frytwn,
52 Llin Hors ni ddarllenan' hwn.

Benthyg hwn, bennaeth y côr,
A gais Dafydd gost Ifor.
Brenhinllyfr barwn henllwyd,
56 Bes câi, byw fyddai heb fwyd.
Sant menych sy'n dymunaw
Sain Greal i dre Iâl draw,
A thrachefn, ni tharia chwaith,
60 O dir Iâl y daw'r eilwaith.
Y Guto, ef a'i gatel,
Eich hen ddall, iwch oni ddêl.

GUTO'R GLYN

38

(6)

I ofyn rhwyd bysgota gan
Ifan ap Tudur o Lanefydd

Ifan dda o fewn ei ddydd,
Gorau Ifan ei grefydd.
Pendefig — pwy un dyfiad? —
4 Penadur o Dudur dad;
Llin union, llew un annwyd,
Llaw Nudd, a llin Gruffudd Llwyd;
Hil ac etifedd haelwych,
8 Hael iawn ei fraint, Heilin Frych.
Ni bu eryr na barwn
Mor hael ag yw'r Cymro hwn.
Da ŵr ei fodd, dewr ar farch,
12 Wyd, y llew o waed Llywarch.
Da yw'r lliw, y darllëwr,
Da dy nerth, od adwaen ŵr,
Dy ras sy un dro â Siob,
16 Dy ddysg fel Dafydd Esgob.
Mawrddysg synhwyrau Myrddin,
Mae'r ddwy gyfraith faith i'th fin.
Mewn dadl ni cheir man didwyll,
20 Cymen, ond o'th ben a'th bwyll.
Drudwych yn y frwydr ydwyd
A sant yn yr eglwys wyd.
Oen difalch yn y dafarn,
24 Athro y beilch wrth roi barn.
Yn ŵr tal yn yr oed dydd,
Yn Ifor yn Llanefydd.
Pawb a ŵyr bod tafod doeth
28 Ichwi, Ifan, a chyfoeth.
Boed hir, gair gwir, y gŵr gwych,
A fo'ch nerth, f'achwyn wrthych.

Hel 'r wyf hoywalau'r afon
32 Ar hyd dŵr â dryll rhwyd don.
Gweled pysgod brig Alun,
Gwylio 'r wyf heb gael yr un.
Praff awdur y'm proffwydwyd,
36 Prudd yw Maredudd am rwyd.
Ucha' rodd, chwenychu'r wyf
Eich rhwyd, a'i herchi'r ydwyf:
Ef a'i prawf, gwell gan fab Rhys
40 Eitha'r dŵr na thir dyrys.
Esgud yr af i'r afon
A chael haf i chwilio hon,
A chalyn ei cheulennydd
44 A chael rhwyd uchelwr rhydd.

Mae rhwyd lân, mawr huawdl iôr,
Ichwi, Ifan, awch Ifor.
Medd a'i gŵyr, mae iddi god
48 A basgau a ddeil bysgod;
Rhawd frithylliaid, o rhodir,
Rhwng deuddyn a dynn i dir;
Dwy ffon ydyw ei ffyniant,
52 A'i diwyd waith, a'i dau dant,
A'i gwydraidd blwm i'w godrau,
O thramwy hon, i'w thrymhau.
Fry yn berth ei dwyfron barch,
56 Obry'n gau, wybren gywarch.
Gwe deg i anrhegu dyn,
Gaened fel diliau'r gwenyn.
Brwydau'r dŵr, bwriwyd ar dant,
60 Brecini aber ceunant.
Llurig o waith llaw wrol,
Llaes ei hun, llawes o'i hôl.
Dŵr hardd a dorrir â hi,
64 Dŵr a dreiddia, dioer, drwyddi.
Drwy y dwfr dy rwyd, Ifan,
A ddaw o led i'r ddwy lan.

Gras mawr y Grawys im oedd
68 Gael rhwyd a gwylio rhydoedd,
A'i chael yn rhodd gennych chwi,
A cherdd a geffwch erddi.

MAREDUDD AP RHYS

(7)

I ddiolch am y rhwyd bysgota wedi ei chael

Pa ŵr ydwyf tra fwyf iach?
Pysgodwr — pwy esgudach? —
A mil o bysgod Maelawr
4 Ar fy mwrdd, llyna rif mawr!
Pawb yno sydd pob nos Iau
Yn aros y Gwenerau.
Daliais ar nos Nadolig,
8 Pam waeth dydd caeth na dydd cig?
Hawddamor i'r catgoriau,
Hawddfyd bwrw'r Ynyd brau.
Paham na ddaw y Grawys
12 Fel y daw mefiliau dwys?
Ystyried teg, ystôr tŷ
O rwyd aml a roed ymy;
Ysgo ebrwydd ysgubwraig,
16 Ysgipiol ar ôl yr aig.
Mân a bras, y mae'n brysur,
A ddeil rhwyd a ddyly'r hur.
Pwy a'i rhoes o hap a rhan?
20 Pendefig, pwy ond Ifan
Ap Tudur, awdur ydyw,
Llew doeth ap Gruffudd Llwyd yw,
Llin Heilin, llon ei hiloedd,
24 Frych a'i law, ail Frochwel oedd?
Llyna'r mab, a'r llun a'r modd,
Yn ŵr addwyn a wreiddiodd;
Boneddigaidd yw'r gwreiddyn
28 O bwriwd twf ar bryd dyn.
Gẃraidd a geidw'i gweryl,
Gwalchmai y'i galwai a'i gwŷl:

Gŵr drud ar egori'r drin
32 Fu ar wanar i'w frenin:
Gŵr yn rhaid gwir anrhydedd,
Gwych â'i law â gwayw a chledd.
Ar ddydd ef a ŵyr ddyddio,
36 Ac ar far gorau yw fo.
Heliwr yw'r gŵr a garwn,
Hoedl hir fo i'r huawdl hwn.
Helied Ifan, hael dyfiad,
40 Ar ei dir teg, gwir dre tad,
Mewn awr dda, minnau ar ddŵr
O fodd hael a fydd heliwr.

Madog wych, mwyedig wedd,
44 Iawn genau Owain Gwynedd,
Ni fynnai dir, f'enaid oedd,
Na da mawr ond y moroedd:
Minnau, rhodiaf yr afon
48 Ar hyd y gro â rhwyd gron.
Gwell bod yn wraig pysgodwr
Nag i'r rhai nid elai i'r dŵr.
Pedr, gŵr mawr ei hap ydoedd,
52 Pysgodwr, oreugwr, oedd;
I'r un helwriaeth yr af;
Mwy na Phedr, mi ni pheidiaf.

MAREDUDD AP RHYS

(8)

I ofyn pâr o arfau gwynion gan
Siôn ap Maredudd o Ystumcegid dros
Ddafydd ap Siancyn o Garreg-y-gwalch

Od eir i rifo dewrion,
Pumil o swm, pwy mal Siôn?
Sythgorff a fwriai seithgawr,
4 Siôn sy ar fodd Sain Siôr fawr.
Mae erioed, fab Maredudd,
Y gair i hwn â gwayw rhudd:
Arth dra dig wrth dorri dydd
8 Yw o fynwes Eifionydd.
Ef a lifodd fel Ifan
Lafn dur fel afon o dân.
Ffrolo, wrth gyffroi'i alon,
12 Ffrwyth tywysoglwyth yw Siôn,
O uchel waed, o iach lân,
Owain Gwynedd neu Gynan.
Ef â â'r gamp o fwrw gwŷr
16 Heblaw dyn o blaid Ynyr.
Onnen hir, ŵyr Einion hael,
A saethai megis Ithael.
Gwnâi dan fron bren gwydn yn frau,
20 Gŵr ag wyneb Gwrgenau.
Ŵyr Farchudd, arfau erchyll,
I ddifa caith fel oddf cyll.
Mawr yw ar draed, mor ŵyr dro,
24 Mwy ar wasgŵyn amrosgo.
Dethol fu saith o'r doethion,
Enwa' y saith, un yw Siôn.
Teg ydyw'r llys, to gwydr llan,
28 Tai fel Ysbyty Ieuan.

Gwledd Hu Gadarn y'i barnwn,
Mwy yw cost y macwy hwn.
Gweled gan deg ei goler
32 Gild Siôn fel goleuad sêr.
Ifor oedd im, ei fardd wyf,
Enwedig, a'i nai ydwyf.

Mae arnaf chwant ymornest
36 Â gwŷr ieirll, â gwayw o rest.
Nid cystal rhag gofalon
Ei phwys o aur â phais Siôn:
Bron angel, medd a'i gweles,
40 Brigawn dur fel wybr gan des.
Im ni chaid i ymwan chwyrn
Gloch hwy o gylchau hëyrn:
Tonnau dur, tywyniad iâ,
44 Toniar megis tŷ Anna.
Trystan iaen, trawstiau'n unyd,
Teils dur oll fel tal y stryd.
Erchi 'r wyf i ar ryw fan
48 Wisg ar ffurf ysgraff arian.
Ysgyrion ne hinon haf,
Ysydd fel asau Addaf.
O wŷr, ond teg o'r un twr
52 A roes hudol ar sawdiwr?
Mwy yw na gŵn, y mae'n gau,
Ac â mil o gymalau:
Llafnau, crymanau llyfnion,
56 Llwyth iâ ar frig llethr y fron.
Powls dur yw, palis a drig,
Pysg ir, pais Gai o Warwig.
Ei theiliwr a wnaeth hoelion
60 Aur ym mhwys i wrymio hon.
Cyfliw maes iâ yw'r cofl mau,
Cynhwyllion fel canhwyllau.

45

Cwyr y ridens, crair ydynt,
64 Cawod o gnau coed gan wynt,
Cad Gamlan friwdan yn frwyd,
Cenllysg uwch y parc gwynllwyd.
Casul Gadfan amdanaf,
68 A'i chau â gwaegau a gaf.
Torchau galawnt a erchais,
Tŵr Siôn i anturio Sais.

Aed y gofal o'm calon,
72 Os â fy mendith i Siôn.

ROBIN DDU AP SIENCYN BLEDRYDD

(9)

I ofyn wyth o ychen dros
Gwilym ap Rhys o Gastell Madog

Mawr yw'r bâr am wŷr o'r byd,
Mwy yw'r rhyfel mawr hefyd.
Nid da cae un tŷ cywair,
4 Eisiau i neb hau a'i pair,
I fab Rys, e fu bresen,
A theiriau fawr aeth i'r fen.
Mae'r had yng Nghastell Madawg,
8 Ni ellir hau oll yrhawg.
Minnau, Gwilym, yn gwyliad,
Banerau'r tyrau fu i'r tad,
Er bod i orfod arfau,
12 Ni bu un ych dan ben iau.
Ni cheir arch wych er erchi,
Eithr o dda f'ewythredd i:
Cae mawr o fewn Cymru fydd
16 Ceirw 'Lidir rhag gorwledydd.

I'r un gŵr yr â'n geraint
Rif Ynys Enllif o saint,
Wyth o'r un llwyth ar un llaw,
20 Wyth o dylwyth Llandeilaw.
Ych Morgan, fwbach mawrgau,
A dry'r wyth neu dorri'r iau;
Os mab Rhys im a'i brysia,
24 At ŵyr Rhys eto yr a'.
Eidion Rhydderch, anerchwch,
A dry'r saith neu dorri'r swch!
Ni bu demig, mab Domas
28 O Dref-gib, heb darf i'w gas.
Ych Siôn, bâr union, breiniol,
Ych Harri wych ar ei ôl.

Y tad a wnâi'r wlad lydan,
32 Ef a wna'r himp fwy na'i ran.
Gruffudd, mab Maredudd rym,
Siôn Du, galon deg Wilym.
Ni bydd mab Siwan fanol
36 Na hydd Maredudd ar ôl.
Ni bydd dig pendefigion
Er torri fry'r tir o'i fron,
Nid er rhagor p'un orau,
40 Ond o frys ŵyr Rhys ar hau.
Am Siôn, a'i feibion efô,
Y mae'r sôn drwy'r Mars yno.
Uwch y gwelaf ych Gwilym
44 Na'r gorwydd seithmlwydd sy ym.
Llywelyn, felly eilwaith,
Du a roes un gyda'r saith.

Wyth dragwn ar waith dreigiau,
48 Ellmyn a dynn ac a dau.
Eirth o goed, wartheg, ydynt
O deirw y'u cad Warwig gynt.
Meiri coedydd, mawr, cedyrn,
52 Morfeirch a'r ceirch ar eu cyrn.
Hwsmyn ar bob tyddyn ton,
Haid o dwrcïaid ceuon.
Tyrchod yn datod in dir,
56 Tor lydain, teirw Elidir.

Mae im gyrfer arferol,
Trwyn hir, yn torri'n eu hôl:
Y ddau filwg oedd felys
60 I dorri grwn drwy ei grys.
Cyllell gau mewn gwrymau'r graig,
A'i threinsiwr aeth i'r unsaig,
A charn hon o las onnen,
64 A chau ei ffod uwch ei phen.
Un ac un yn ei ganol,
Dau a dau'n tynnu'r did ôl:

Wyth dôl ar waith y delyn,
68 Yn yr wyth dôl, anrhaith dyn.
Bid aradr ŵr bedeiriau,
Bid ar hur bedwar i'w hau.
Bid yrhawg bywyd a'u rhoes,
72 A bid erydr bedeiroes.

HYWEL AP DAFYDD AB IEUAN AP RHYS

(10)

I ofyn daeargi gan Robert ap Dafydd
o Nanheudwy

Arwydd sor a roddais i
Ar lwynog er eleni,
A chas fyth achos ei fod
4 Yn angau i'm cwningod.
Annog cŵn a wna cynydd
Ar ôl hwn fel arail hydd,
Dragwn cynllyfangwn llys,
8 Draig y tir, drwy goed dyrys;
A phan fôn', elynion lid,
Yn amlaf yn ei ymlid
Y rhed y carl ar hyd cwys
12 I'r ffeuau i orffowys;
Ac un, nis cyfarth unawr,
O gain i mewn o gŵn mawr,
A chennym-i â chŵn mân
16 O'i dyllau y daw allan.
Eisiau mawr, nid oes i mi
Wedd organ o ddaeargi,
I finiaw cadnaw coednant
20 O'r ffau blu ar ffo â'i blant.
Y cynydd, p'le'r amcanwn,
Y can hael, y cenau hwn?
Anfon mawl, na ofyn mwy,
24 A wnawn hyd yn Nanheudwy
I ddewrgar am ddaeargi,
Ac er cerdd fe geir y ci.

Robert, fy naf, fab Dafydd,
28 Robert ŵyr Robert a'i rhydd,
Gwalchmai am osai a medd,
Gwalch gwyn o hil gweilch Gwynedd.

Llawrodd beirdd y cellweiriwn,
32 Llawer camp yn llurig hwn,
I'm arfoll am a orfu,
Ymwan â llain ym min llu.
Arwain bwa da i daith,
36 Ac ennill fflicht aur ganwaith.
Gyda'r follt gydawr a fydd,
Gŵr â saeth, gorau saethydd.
Paun Gwynedd, cyfannedd ced,
40 Paun Trefor, pantri yfed.
Pen bonedd hyd ddiwedd ach,
Pen-heliwr — pa un haelach? —
Yw'r pennaeth aur opiniwn,
44 A'r pennaf a gaf o'i gŵn.

Mae ar hwn yma yrhawg
Alanas pob rhyw lwynawg,
Miniwr a phwniwr y ffau,
48 Min dyrys mewn daearau,
Yn minio lle bo y bydd
I lwynog aflawenydd.
Edrychyn' o'r ymdrechu
52 Ar gael plwc o'r gwely plu.

Doed Robert, gwfert y gad,
I gyd-hel i goed dwywlad
Â'i gi da im, ac o daw
56 O gwning fo gaiff giniaw.

DAFYDD AB EDMWND

(11)

I ofyn bytheiaid gan Hywel ap Rhys
o'r Rug dros Ddafydd ab Ieuan
o'r Cryniarth

Heliwr wyf i hel 'r afael,
Heldir ym mynydd-dir Mael;
Hel yn gynnar a garwn
4 Hydd uwch allt heddiw â chŵn,
Hel ewigod y brodir
O chaid bytheiaid a thir.
I ba un ni bu anael
8 Y mae cŵn i mi i'w cael?

Deugi y sydd, deg eu sôn,
I dëyrnwalch Edeirnion.
Hu o Wynedd, hoyw ynys,
12 Hywel yw'r iôr o hil Rhys.
Mi a gaf gan ŵyr Ddafydd
Ymlaen rhiw ymlynwyr hydd,
F'ewythr difalch yw'r gwalch gwyn,
16 A'i nai wyf yn ei ofyn.
Barwn yw fo a bryn fedd,
Brenhinol, bron o Wynedd.
Ef y sydd ar gynnydd gŵr
20 Yn y Rug yn oreugwr;
Un galon, un haelioni,
Un air â Nudd yw'n iôr ni.
Tripheth a gâr y barwn:
24 Gweilchydd a chynydd a chŵn,
A minnau a ddymunodd
Un o'r rhain, a chŵn yw'r rhodd.

Dau un llais ag edn y llwyn,
28 Dau gydwedd mewn dwy gadwyn:
Canu a wnânt i'r cynydd,
Cael gwynt ar helynt yr hydd.
Honni ydyw eu hannwyd
32 Aroglau ar 'r ewig lwyd;
Gweision pennau goisel,
Gwŷr a ddôn' i'r fangre 'dd êl.
Ymddiddan tuag Annwn
36 Yn naear coed a wnâi'r cŵn,
Llunio'r gerdd yn llwyni'r gog,
A llunio angau llwynog.
Da gwyddant ar gleinant glyn
40 Ruwlio mydr ar ôl madyn;
Medran' fesur y ganon,
Musig ar ewig a rôn';
Carol ar ôl yr elain,
44 Cywydd ar yr hydd yw'r rhain;
Clerwyr cysonlef nefol,
Clych Duran yn ŵlian ôl.
Cael gan Hywel, ail Beli,
48 Y cŵn im yw f'amcan i;
Rhoed hael i dir Mael y medd
Ddau o organau Gwynedd.

Dafydd, law rydd i roddi,
52 Ei nai, fab Ieuan, wyf i,
Nod ar wawd, newidiwr wyf,
Newidied, a'i nai ydwyf.
Aed cerdd ei gâr i'r barwn,
56 Aed ei gâr â dau o'i gŵn.

GUTUN OWAIN

(12)

I ofyn gosog gan Huw Lewys o
Brysaeddfed dros Abad Talyllychau

Y siryf aeth â Sir Fôn
Sy Huw Lewys o Liwon,
Gŵr y sydd â gwres o'i waith
4 O du aelwyd y dalaith.
B'le flaenaf y henwaf hyn?
B'le olaf, mab Lywelyn?
Gorau iach a geir o wŷr
8 Gronwy, ac o ryw Ynyr;
Ni cheisiwn ond iach Iesu
Ar wartha' iach Iorwerth Ddu.
Pwy hefyd o imp Hwfa?
12 P'le cawn ddim heb Hwlcyn dda?
I naid ei daid nid â dyn,
Nid leilai naid Lywelyn,
Hwnnw'n tyfu gallu i gyd,
16 Yntau'n tyfu tant hefyd.
On'd deiliaid hwnt Huw Lewys
Yn holl Fôn, ni wna' llef is,
O dir i dir drwy y dydd
20 Ac o olud ei gilydd?
Huw, ai llai yn nhai Lliwon,
Heiniar y mab, hanner Môn?
Llys Huw gan y llysieuoedd,
24 Llys un saig oll a sens oedd.
Gwin nawllys a gynullwyd
I'r un llys, ŵyr Ieuan Llwyd.

Gŵr wyf â llyn ger fy llaw
28 Y trig hwyaid tir Caeaw,
Abad yr holl Ramadeg,
Lle iach, o dir Llychau deg.

54

Hebog gwych sy i Huw bei caid,
32 Huw yw bugail hebogiaid.

Aderyn crwn â dwrn cryf
Ac yn osawg yw 'neisyf,
Ei big cam fel bwa y'i cair,
36 Ac ewinedd fel genwair.
Hyd y gwn, nid â ei giniaw
Ond i'r un lle, dwrn a llaw.
Ar y faneg y'i megir
40 A iacháu'i gorff â chig ir.
Nid â un bwyd yn ei ben
O'r rhai elont i'r halen.
Nid da ulw at ei olwg,
44 Yntau ni myn tân na mwg;
Os ar berc nos hir y bydd,
Ar y bwn yr â beunydd.
Ef a roed llun ar Frawd Llwyd,
48 Ac at hebog y tybiwyd:
Gwisgo plu megis côp lân,
Cap o lwyd uwch cop lydan.
Os ei grafanc sy grefydd,
52 Y llaw a'r fawd allor fydd;
Darllain, fel cigwain y'i caid,
Darllëwr dorllu hwyaid.
Edn a wnaethbwyd yn wythbys,
56 Ac y mae pig ym mhob bys.
O chân ei glych yn ei glog,
Bid rhybudd bod yr hebog:
Y mae adar yn mudaw
60 Rhag ofn y drwg o Fôn draw.
Bod fis heb ddim bwyd a fyn
Am a laddo ym mlwyddyn.
Nid â'n llaw dra fo'r Grawys,
64 Ond ar berc y dyry'i bwys:
Penyd tros Ynyd y sydd,
Am ei benyd, miw beunydd.

Os gosawg heb esgusaw
68 A gaf yn llwyth ar gefn llaw,
Huw Lewys o hil Lywarch,
O Gaeo i Fôn, a gâi farch.

IEUAN DEULWYN

(13)

I ddiolch i Domas ap Hywel Fychan
o Frycheiniog am ŵn coch

Lliwiog wyf yng ngorllewyn,
Lliw ddoe a roes llew o ddyn:
Tomas, cedwid Duw ymy,
4 Trystan o wlad Frychan fry,
Fab Hywel, afel Ifor,
Fychan ac ŵyr Ieuan iôr.
Uchel gan hil Lywelyn
8 Yw fy lliw tra fwy fellýn.
Calennig rhag cael annwyd
A roes y llew o Rys Llwyd,
Mordaf Tomas ap Dafydd,
12 Mab un nod â meibion Nudd.

Y gŵn a gad gan y gŵr
Fel gwin o fâl y gwinwr,
Ydd wyf yn debyg 'n ei ddwyn
16 I danllwyth mewn rhedynllwyn.
Llawenydd nid llai unnos
Lle cad rhodd lliw cawod rhos —
Lliw ceirios haf, lliw cwyr sêl,
20 Lliw gwaed carw, llygaid cwrel.
Lle delo bun i unoed,
Llwynog wyf mewn llwyn o goed;
Os llechu'n fwyn yn nhrwyn rhiw,
24 Ogfaenllwyn a gaf unlliw.
Da iawn y'm heurwyd o ŵn
A bynar ar ei benwn;
Bryn rhudd, mab barwn a'i rhoes,
28 Bron ragrith, brynar egroes.
Golud iso gwlad Esyllt,
Goddail, a gwisg Gwyddel gwyllt.

Gweddus im, mal y gwyddoch,
32 Gael dwyn y criawl-llwyn coch.
Tebyg wyf, herwydd tyb gŵr,
I'r pentis wrth dŷ'r peintiwr.
Y mae merched y gwledydd
36 'N y gwlân hwn i'm galw'n hydd;
Yn hwrdd y'm galwant yn hir,
Croen euraid, ni'm crin eurir.
Arfer a wnaf o glera
40 Y fforest aur â ffris da,
Ac arnaf mal iarll Gwernan
Y saif mil o syfi mân.
Gweled a wneir o'r gilarth
44 Grawn yr yw ar groen yr arth.
Un llun yw'r gŵn, penwn parch,
Ac un lliw â gŵn Llywarch.
Edlym â mi a odlir,
48 Gleddau Tân, arglwydd y tir.
Rhyfeddod yr haf heddiw
Gan bob un fy llun a'm lliw:
Mi af i dafarn y medd,
52 I'r lle uchaf o'r llechwedd,
I'm lliw aruthr, i'm llwyrwisg,
I ferched weled y wisg.
Hoen gwawr haf o'i hystafell
56 A'm dengys â'i bys o bell,
Fel dangos draw, lle daw'r dydd,
Llid nawawr, lleuad newydd,
A thaeru, ail waith aeron,
60 Mai'r ddraig goch er mawrddrwg hon.

Lliw da oedd yn llaw y dyn
A'i lliwiodd dros orllewyn:
Y lliwydd gwinau llawen,
64 Lliwid Duw e'n ŵr llwyd hen.

IEUAN DU'R BILWG

(14)

I ofyn mwnci dof gan Siôn Moel
o Fiwmares dros Huw Lewys
o Brysaeddfed

Doed wŷr Mens ar deid i'r môr,
Dêl long hyd y deil angor,
Ac o frys mi a gaf rai
4 A 'mofynno am Fenai.
Un a dâl yn eu dwylaw,
Siôn Moel, dros win a mêl draw.
Ysgwïer o faen beril,
8 A Duw roed adar o'i hil.
Caiff rannu cyff o'r unardd,
Cad euro torch Cadrod Hardd,
Edn Llywarch, hyd yn Lliwon,
12 Ap Brân, mab sy'n prynu Môn.
O duedd ieirll y dôi ddyn,
Ac o hil i Guhelyn.
Blwyddyn y dôi'r blaidd yn dân
16 Y dôi i ŵr gadw'i arian.
Iddo, osawg y ddwysir,
Mawr yr aeth hap môr a thir.
Mynwes arian, myn Seirioel,
20 Ysy'n eu mysg i Siôn Moel,
Dyn yw a droes dau neu dri,
Dyn â gras Duw'n ei groesi.

Dymunodd un o'i roddion,
24 Huw Lewys, âb o law Siôn.
Mae genau pwrs, mae gown pân
Yn ei setel, nai satan.
Cael chwe naid trwy'r cylch a wna,
28 Cnoi'r ddôr fel cenau'r ddera.

Ci ar farch, llac ei arr fain,
Cleiriach yn cael ei arwain.
Crinodd pob cwr o'i wyneb,
32 Cythrel, ac ni ochel neb:
Cripio rhai, crwper hwyad,
Canu â'i durs y'i cawn i'w dad.
Cosi a wna, ceisio nedd,
36 Crwn ei din, crynu dannedd.
Dringo, wedi clwyfo clêr,
Diawl ifanc, hyd y lwfer.
Os gwŷl ddyn is gil y ddôr,
40 Yno y pis wyneb heusor.
Cyn Seirioel y consuriwyd
Rhyw fwnc â lliw'r afanc llwyd.
Aeliau cath yn hwylio ci,
44 Wyneb Iddew yn boddi.
Gŵr moel a gâr ymaelyd,
Golwg gwrach yn gwylio cryd.
Gwas Brawd Llyg ag ysbryd llau,
48 Gwrengyn tebyg i'r angau.
Gŵr a'i farc ar gwr ei fys
O rhôi'i law ar Huw Lewys.
Mae pawen gam, mae pen gŵr
52 I siac, wyneb sucanwr.
Llewys o'r blew llaes i'r blaidd,
Llyna wegil llwynogaidd!
Llwyd yw'r pawns fel lleidr y peg,
56 Llwyd yw'r min fel lledr maneg.
Saethau fel bachau bychain,
Sicr y rhed siac ar y rhain.
Ef a'n cur â'i fenig cau,
60 Âb o Frytaen heb fratiau.
Drelyn a gais drwy alaeth
Dial ei gnwc, a diawl a'i gwnaeth.

Doir i'w ofyn heb drafael,
64 Dig wyf nato Duw ei gael!

ROBERT LEIAF

60

(15)

Llywelyn ap Hywel ab Ieuan ap Gronw
yn anfon datgeiniad i erchi ŵyn

Nid gwaeth am faeth ac am fudd
Tiryrabad, trwy rybudd,
Na'r rhwyddaf yn eu rhoddion
4 O Afan deg i fin y don.
Af atyn' i'r ddau Fetws,
A bid yr ŵyn wrth bob drws.
Dau o enwau dianair
8 Rhys Goch yn barhaus a gair.
Mi a gaf yr haf yn rhull
Arch yno er ei chynnull.
Twynau lluwch at ŵyn y llan
12 A ddaw drwy Gelydd Ieuan.
Gwlad hoff ei golud a'i hŵyn,
Gad weddaidd, gwedi'u diddwyn.
Troi gwerin at ragoriaeth
16 Tir Nedd a'i natur a wnaeth,
Y goreugwyr a'u gwragedd
Da am ŵyn, myn Duw, a'u medd.
Da a'u cynnull dau cannyn
20 Yw fy stôr tra fo oes dyn.

Mi a gaf drigain dafad
A dau hwrdd i gadw'u had:
Rhai a fagan' 'n y gwanwyn,
24 Rhai'n fyllt, felly rhannaf ŵyn,
Rhai o gil allt yn rhoi gwlân,
Rhai eraill yn rhoi arian.
Fy swydd, nid yw faswy hyn,
28 Eu harail, a'u meheryn.
Nid ân' i lwyn, dau oen log,
Er llawenydd i'r llwynog:

Mae bugail digyfeiliorn
32 Gennyf fi, a chi a chorn.
Trwy'r grug a'r tir garw agos,
Eu troi a wneir i'm tŷ'r nos.
Y mae'n elw, fy mân wylain,
36 Gennyf yr haf gneifio'r rhain,
Lle bo garddoi a throiell
A hyswi dda — oes swydd well? —
Dwyn o'u gwlân a wnâi dŷ'n glyd,
40 Y mae i gadw 'y mywyd.

Doed gannoen i'r datgeiniad,
Doed im gael ŵyn da o'm gwlad,
Doed, fel Siob, ŵyn i bob un,
44 Duw bo lwyddiant dwbl uddun'.

LLYWELYN AP HYWEL AB IEUAN AP GRONW

(16)

I ofyn bwa yw gan Ruffudd ap Dafydd,
maer Rhuthun

Y trimaib at yr ymwan,
Mwy wrth wŷr na môr a thân;
Tri gwell na gwŷr Troea gynt,
4 Tri â gwaed rhywiog ydynt.
Câr y dalaith, carw dulwyd,
Cynnal feirdd, canolaf wyd.
Gŵr lleiddiog o garw lliwddu,
8 Gruffudd, llew Dafydd, lliw du.
Arf wridog, ŵyr Faredudd,
Un wyt â'r wayw yn waed rhudd.
Uwch yw gwaed Llywelyn Chwith
12 Na'r grawn gwin, neu'r grwn gwenith.
Gwaed Idwal, ac o Dewdwr,
Gwŷdd ag imp i gywydd gŵr.
Gwych edn Gruffudd Goch ydwyd,
16 Gŵr a'i ofn, a'i garu wyd.
Brigog fu bawb o'r egin,
Ac o'r un gwaed, fel grawn gwin.
Dy gyffion, beilchion bob un,
20 Derw a'u ffrwyth, drwy ffair Rhuthun.
Maer y dref a'i 'merodr wyd,
Mor sad â'r merwys ydwyd.
Y maer du ym mro Dywyn,
24 Mair a wnêl y mwrrai'n wyn.
Galâth â gwayw oleithig,
Oedd anodd iawn ddwyn ei ddig.
Un amnaid a gaid, heb gêl,
28 Ar dy guwch, rhaid ei gochel!
Ofn y dŵr, a fai'n deirran,
A'th arswyd di, a thrais tân.

Trawsaf wyt ar y sy fyw
32 Trwy Gred, dy ragor ydyw.
Tewi rhagot, nid drygwaith,
Tawedog wyt hyd y gwaith.
Un da oeddych yn dyddiaw,
36 O bai'r drin, yn wiber draw.

Fy nghwyn, nid dwyn at anael,
Fy nhyb, mae ei ddwyn i hael:
Fy rhodd o fwa rhuddwyn,
40 Fy rhaid sy mor fawr â hyn.

Noder ei fodd fel neidr fain,
Neu fel enfys yn flaenfain:
Od yw union a dinam,
44 Saeth a'i gyr yn aseth gam.
Bwrw saeth drom o'r braswaith draw,
Bwrw stondardd a'm brest yndaw.
Ei hun yno'r uniona,
48 Lle fynno dyn, yn llafn da.
Tanbaid y naid yn ei ôl,
Tanbeidiach na'r tân bydol.
E daflai yw â deuflaen
52 Ergyd blif ar goed o'i blaen.
Un yw'n bwrw, yn wiberod,
Morynion yw 'mron y nod:
Danfon ergydion i'r gwynt,
56 Drwy goed, fel dreigiau ydynt.
Llyna'r tôn llai na'r tenwr,
Llais a gân yn llaw asw gŵr.
Llef ar gort, llafar i gyd,
60 Llyna organ llawn ergyd!

Arf hir a fwriaf â hwn,
Ym mraich gŵr, merch a garwn:
Ni bu ofn y bwa yw
64 I ti, Eiddig, hyd heddiw!
'Mogel fi am ei gael fo,
Maer Rhuthun im a'i rhotho.

TUDUR ALED

(17)

I ofyn march gan Ddafydd ab Owain, abad Aberconwy, dros Lewys ap Madog o Laneurgain

Gydag un a geidw Gwynedd
Y cawn ar lan Conwy'r wledd:
Abad dros wythwlad y sydd,
4 Aberconwy, barc gwinwydd.
Arglwydd yn rhoi gwleddau'n rhad,
Arfer ddwbl ar fwrdd abad:
Powdrau yn nysglau y naill
8 A'r oraets ar rai eraill.
Triphwys cegin y twysog,
Troi mae'r gwaith trwm ar ei gog.
Conwy mewn dyffryn cynnes,
12 Can ffrwd, lle cawn ni win ffres.
Tai aml am win, temlau mêl,
Tresawnt a bwtri isel.
Ar ei winoedd ar unwaith,
16 Yno bu ben ar bob iaith.
Glyn Grwst a glân gaer Awstin,
Glyn gwyrdd y galwynau gwin.
P'le ceisiwn sesiwn y saint? —
20 Gydag ef a'i gyd-gwfaint:
Gwŷr un rhif gwerin Rhufain,
Gwyn a rhudd yw gynau'r rhain.
Os gwyn ei fynwes a'i gob,
24 Â'r un wisg yr âi'n esgob.
Fo âi'r mab dan fynfyr main,
Be profai, yn Bab Rhufain!

Gwaith blin ac annoethineb
28 Ymryson oll am ras neb:
Am blas a gafas y gŵr,
Aberconwy, bu'r cynnwr;
Hwynt â mil o renti mân,
32 Yntau fynnai rent Faenan.
Mae ar wyneb Meirionnydd
Blaid i'r gŵr fel blodau'r gwŷdd,
Milwyr rhwng Maelor a Rhos,
36 Tegeingl, ei geraint agos.

Hyder Lewys Amhadawg
Erchi a rhoi march y rhawg,
A'i ddewis erbyn mis Mai
40 Merch deg, a march a'i dygai.

Trem hydd am gywydd a gais,
Trwynbant yn troi i'w unbais.
Ffriw yn dal ffrwyn o daliwn,
44 Ffroen y sy gau fel Ffrawns gwn.
Llygaid fel dwy ellygen
Llymion byw'n llamu'n ei ben.
Dwy glust feinion aflonydd,
48 Dail saets uwch ei dâl y sydd.
Trwsio, fel goleuo glain,
Y bu wydrwr ei bedrain.
Ei flew fel sidan newydd,
52 A'i rawn o liw gwawn y gwŷdd —
Sidan ym mhais ehedydd,
Siamled yn hws am lwdn hydd.

Ail y carw olwg gorwyllt,
56 A'i draed yn gwau drwy dân gwyllt.
Dylifo heb ddwylo 'dd oedd,
Neu wau sidan nes ydoedd.
Ysturio cwrs y daran
60 A thuthio pan fynno'n fân.
Bwrw naid i'r wybr a wnâi,
Ar hyder yr ehedai.

Cnyw praff yn cnöi priffordd,
64 Cloch y ffair, ciliwch o'i ffordd!
Sêr neu fellt o'r sarn a fydd
Ar godiad yr egwydydd.
Drythyll ar bedair wyth-hoel,
68 Gwreichionen yw pen pob hoel.
Dirynnu fry draw'n y fron,
Deil i'r haul dalau'r hoelion:
Gwreichion a gaid ohonun',
72 Gwnïwyd wyth bwyth ym mhob un.
Ei arial a ddyfalwn
I elain coch ymlaen cŵn.
Yn ei fryd nofio'r ydoedd,
76 Nwyfol iawn o 'nifail oedd.
O gyrrir draw i'r gweirwellt,
Ni thyr â'i garn wyth o'r gwellt.

Neidiwr dros afon ydoedd,
80 Naid yr iwrch rhag y neidr oedd.
Wynebai a fynnai 'fo,
Pe'r trawst, ef a'i praw trosto.
Nid rhaid, er peri neidio,
84 Rhoi dur fyth ar ei dor 'fo.
Dan farchog bywiog di-bŵl
Ef a wyddiad ei feddwl.
Draw os gyrrir dros gaered,
88 Gorwydd yr arglwydd a red.
Llamwr draw lle mwya'r drain,
Llawn ergyd yn Llaneurgain.

Oes dâl am y sud elain
92 Amgen na mawl am gnyw main?
Gorau erioed, gyrru i redeg,
March du i arwain merch deg:
Mae'n f'aros yma'n forwyn,
96 Merch deg, pe ceid march i'w dwyn.

TUDUR ALED

68

(18)

I ofyn cyffion gan wŷr Harlech dros wŷr Cricieth

Herwydd adail hardd ydwyd,
Hir ddelych wledd, Harddlech lwyd,
Castell yw'n cell rhag ein cas,
4 Clyd arnom, clod y deyrnas.
Ei weithwyr gynt a weithien'
I nwmbrio tŵr Nimbrod Hen.
Calais Gymru rhag lluoedd,
8 Caer Gollwyn, aur gellan oedd.
Plas ac urddas i gerddawr,
A thref wych a thyrfa fawr.
Brenhinlle, ni sudde'i sail,
12 Bryn teg iawn, braint a gynnail.
Tref gall rhag tyrfa gwylliaid,
Tref fwy i'r ieirll tra fu raid,
A thre', pan aeth y reiad,
16 I Harri gynt, hwyra' gad.
Harddlech, heb odech y bydd,
Fu'r enw i Feirionnydd;
O dewiswn fwrdeisiaid
20 A wnâi cost, yno y'u caid:
Huw Lewys draw yn nhal stryd,
Hawc a dwrn y cadernyd,
Ni bu gwnstabl ym Mablon
24 Na maer well na mwy ar Rôn;
Parch i'r dref a thangnefedd,
Pab i'r wlad, pawb ar ei wledd.
Nyth euraid a wnaeth eryr
28 Yn ei nen i gapten gwŷr.
Ni bu lai ei beilïaid
Na'r gwŷr yn Iorc, gorau wnaid.

Cywir a ffres, câi wŷr Ffrainc,
32 Cwrt rheiol, cartre' ieuainc,
Haf erioed fu, hyfryd fan,
Hwy'n wellwell o hyn allan:
Cwrtwyr, sawdwyr mewn sidan,
36 Ac yna pob gynau pân.
Eu can a'u rhost cawn ar hynt,
Ymwaredwyr mawr ydynt.
Cawn yn y dref gynefin
40 Gwrw a medd ac annedd gwin.
Gorau gwŷr o Gaer eu gwedd,
A goreugamp eu gwragedd.

Os dwedaf heb astudiaw
44 Achwyn y dref fechan draw,
Cruciaith, canwaith y cwynai,
Eisiau tŵr yn nrysau'u tai,
Na chaen' le ucho'n y lôn
48 I garcharu gwŷr chwerwon.
Fry od oes i fwrdeisiaid
Foncyffion trymion, nid rhaid,
Ni cheir o goed garchar gwell
52 Na gwal cystal â'u castell.

Erchi dwy dderi ydd ŷs,
Eu rhoi i dario rhai dyrys:
Dwy ddâr yw'r cymar o'r coed,
56 Dodrefn i rwymo deudroed.
Da fu'r gof diofer gynt
A'u priodes, pâr ydynt.
Ymaelyddion, ddewrion ddau,
60 I roi gwŷr ar eu gwarrau.
Celfi'r ddyweddi ddiddawn,
Cywely gwŷr coliog iawn.
Anobaith dyn o ibws,
64 Od eir draw, ddywod i'r drws.
Ni thynnant, profant y pren,
Ddwy grimog yn ddigramen.

Gwn ar rew nad oedd ddewis
68 Gael ei fath mewn geol fis.
Cathlygod rhag medd-dod maith,
Hual ar wŷr anhywaith.
Gweision ni pheirch goes na ffêr,
72 Gwryfiau i ddal gwŷr ofer.
I ddiawl, a wyddai elyn
Fwriad waeth i ferrau dyn?
Wrth y pren heb obennydd,
76 Gwŷr un fath â gwyrain fydd.

O rhydd Harddlech yn echwyn
Yma'r coed, nid mawr eu cwyn,
Mae coffa am y cyffion
80 A'u pwyth o fawl, boed poeth fôn'!

GRUFFUDD AP DAFYDD AP HYWEL

(19)

I ofyn march gan Rydderch ap Dafydd
o Fyfyrian dros Rys Cwg

Y du gwrol, dy gariad
A droes Duw lwyd dros dy wlad.
Ystod fraisg yw dy stad fry,
4 Os du wyt, nos da yty.
Sadliw'n wir, nis edliw neb,
Ni staeni'n oes dy wyneb.
Dy aur, Rhydderch ap Dafydd,
8 Dy gorff yn un dwf â'r gwŷdd.
Dra fych yn dy dai a'r fan,
Mae imi fara 'Myfyrian;
Mae dy blas yn urddasol
12 A'th aer a'i cynnal i'th ôl.
Da ferch a ddygaist i Fôn,
Da gennyf dy dai gwynion.
Mae aur ar gylch, nid mawr gam,
16 Ar ei choler, merch Wiliam,
Gorau gŵr hyd Gaer a gaid,
Gorau siry'i gwrseriaid.
Geirwira'm Môn, gorau merch,
20 Gorau gwreiddion gwraig Rhydderch.
Haelaf hyd lle try heulwen,
Grasusaf, gweddeiddiaf gwen.
Geiriau lle'r erchid gorwydd,
24 Merch a wnâi roi march yn rhwydd.
Mae'ch nerth lle mynnych yn ŵr,
Mae gennych yma gannwr.
Dy air daf lle bu Dafydd,
28 Dy saig a'th win da y sydd.

    Mae i chwi wasnaethwr a chog
Ar waith bylan, rwth boliog,

Rhys dewlwyd, rhostiai alarch,
32 Ni medd na chaseg na march.
Sir Gaer a glyw sawyr gwin
Ar Rys Cwg o ddrws cegin.
Dyn tirf ar ddiwarnod teg,
36 Dyn yn blino dwyn bloneg;
Dyn hoff gan bawb ei offis,
Dyn der ar dabler a dis.

I chwi, Rydderch, y rhoddir
40 Sy o feirch siêd i fro'ch sir:
Nodwch un da o'ch ynys,
Brych ei rudd, bwriwch i Rys,
I ddobio ffordd yn ddiball
44 Tan Rys, ac o'r llys i'r llall.
Golchi bydd amgylch ei ben
A hogi ei flonegen,
Golchi draw amgylch y dre',
48 Dwysawdl o boptu'i ase.
Taeru mae rhai gwatworus
Gampau ar hwn gwympo Rhys,
Yn wysg ei ben, ni chennyw,
52 Yn wysg ei din, esgud yw.
O rhydd lam ni bo tramawr,
O rhusia'i led, Rhys â i lawr.
Pan neidia — pwy anadach? —
56 Pan rusia, syrthia fel sach.
Neidio a wna mewn adwy,
Ni neidia fuwch naid yn fwy.
Rhydderch, rhyw it roi rhoddion
60 Rhuddaur, y mab rhwydda'm Môn:
Mae'ch priod yn wybodus,
Mae a eirch roi march i Rys.
Na ddêl cur dolur ei dâl
64 I sefyll na nos ofal,
Nes talu'n lle dymunodd,
Byth it, Rys, o bwyth dy rodd.

SYR DAFYDD TREFOR

(20)

I ofyn meini melin gan Lewys ap Tomas
o Lanbadarn Fawr dros Fathau Goch
o'r Neuadd, y Drenewydd

Pwy oll â gair pell i gyd?
Pwy â'r ffyniant praff ennyd?
Llew dewrwych llwyd a eurir,
4 Lewys wayw tân, leisiad hir.
Ni bu ddôl na bai ddeiliad,
Ni bu ddau dir heb dda'i dad.
Aelwyd gron y wlad a'i gras,
8 Ail twymwyd aelwyd Tomas.
Tir a golud tra gweloch,
Y tyfodd gwaed Dafydd Goch.
Gwaed Rhys Whith yn goed tras ŷnt,
12 Gwayw a chornor gwych arnynt.
Hir fu ystad gwlad a'i gwledd,
Hwy y tyfo'u hetifedd:
Yntwy i gynnal tai i gannyn,
16 Yntau o'u hôl — on'd da hyn? —
Mae fo'n gallu tynnu tant,
Mur a phen, mawr ei ffyniant,
Mewn ei ardal mae'n wrda
20 Ac arwydd dwyn gwreiddiau da.
Ni bu yma i neb amarch,
Un waed yw pawb, ond eu parch.

Yr oedd o wraidd y ddau Rys
24 Ferch lawen ar fraich Lewys,
Dau ac yn un Duw a'u gwnâi,
A gwaed gwrdd a gydgerddai.
Beth a leinw byth olynol
28 Blodau'r holl blaid ar ei hôl?

Llawer bort rydd, ni bydd barn,
Llawn o'i bwydau'n Llanbadarn.

Mae rhodd yma i ŵyr Rhys,
32 Ni myn lai na main, Lewys.
Ni fâl un o'i felinoedd,
Eisiau main nadd, hwsmon oedd.
Mathau ifanc, math Ifor,
36 A fyn er mawl fain o'r môr:
Dwy garreg wedi'u gweiriaw
A fâl ŷd drud yn flawd draw.
Maen rhewedig mewn rhodau,
40 Maen crwn gwyllt mewn cerwyn gau,
Maen ni thry yma na thraw,
Maen ffrom oedd mewn ffrâm iddaw.
Un draw'n rhydd a dry yn rhod,
44 Un a gwsg yn ei gysgod.
Arth gwyn a'i rwnc wrth gnoi'r ŷd,
A dwy olwyn a'i dilyd.
Gwalop hwn a'i glep yno,
48 Cloc blin y felin yw fo.
Taro'n ddig is trwyn y ddôl,
Treio gwenith trwy'i ganol.
Ŷd o'r pìn yn dropio oedd,
52 Ysgydwyd, ei saig ydoedd.
E bawr hwn obry henyd,
O'i bwyll yr â i beilliaw'r ŷd.
Y mae'n gyflym mewn goflawd,
56 Eurych fry ar ucha'i frawd.
Tarth o flaen torth aflonydd,
Treinsiwr o faen, trwynsor fydd.
O gorwedd ar ddiwedd ŷd,
60 Dŵr y cafn draw a'i cyfyd.
Ni thynnir o'u nyth unawr,
Nid ân' o'r llofft wen i'r llawr.
Golchai ddyn o gylch y ddau
64 Ŷd a blawd o'u dwbledau.

Dau gawg o'r allt, di-goeg rodd,
Dau grynfaen deg o'r unfodd.
Dwy leuad grech, deuled grwn,
68 Dorau ŷn' o dir Annwn.
Dau fwcled cawr, fawr a fu,
A'u dwy foth wedi d'fethu.
Dwy radell daear ydynt,
72 Dorau di-wraidd, dordor ŷnt.
Dau faen nadd y'u defnyddiwyd,
Doed ŷd wrth lef dwydorth lwyd,
A'r gair draw i'r gŵr a drig
76 A rôi'r ddwydorth urddedig.

SIÔN CERI

(21)

I ddiolch i Wiliam Herbert o Raglan am ddwbled

Oes glendid nes galw undyn?
Herbard wych, hir y bo'r dyn.
Mae ŵyr iarll am Gymru iaith,
4 Mastr Wiliam, oes, draw eilwaith.
Mae pryd iwch, mab hir â dart,
Oes, Duw a'i rhoes, Mastr Rhisiart:
Lliw gẃreiddfath, iarll graddfawr,
8 Haela' lliw rhwng haul a llawr.
Enaid Ewias, wyn Dwywent,
A Glan-gwy uwch galon Gwent.
Ŵyr i iarll a iôr eurllwyd,
12 A nai'r iarll, o'i enw'r wyd.
Eirch Harri euro'ch aerwy,
Ym obaith fyth am beth fwy:
Aros dydd, o ras y dêl,
16 Ymroi 'dd ywch am radd uchel.
Rhyw yd aros, rhod Urien,
Rhoi glin aur o Raglan wen,
Fry, a'ch galw farchog Wiliam,
20 Mor wych gorff â'r Marchog Cam.
Marchowgfath fel Syr Mathias,
Marchowgliw wyd Marchog Glas,
Wiliam wyd, tâl am y taid,
24 Herbard, dyn i'r Brytaniaid.
Wylant drennydd blant Rhonwen,
Ofn y Wat o Fenni wen.
Os am unbrad maes Manbri,
28 Am laddiad ieirll, ymladd di:
Tyn gledd fel tân glew iddyn',
Tor iadau ieirll, ti yw'r dyn.

Nid â ynod yn d'einioes
32 Ofn dyn ar sy fyw yn d'oes.
Dyn od ei law dan dy lid,
Od i Lundain dy lendid.
Un o alawnd anwylwych
36 Harri Wyth yn Nhroea wych:
Un o waedwyr hwn ydwyd,
O'i lys wrth ei feddwl wyd,
Ym mhob gwychder arferyn',
40 Ym mhob dull at mab y dyn.
Nid annwyl y da ennyd,
Ni roddi bwys ar dda byd:
O dda, rhydd, y ddaear hon,
44 At ddegoes yt, Dduw, ddigon.

Rhoi win yn fraisg, rhannu'n frau
Aur a wneid yn ddyrneidiau,
Rhoist i fardd aur ystof wisg,
48 Rhyw dudded anrhydeddwisg.
Hael y rhoist, heiliwr ei win,
Herber wyn, yn nhŷ'r brenin,
Rhodd mawr, aur rhudd am aerwy,
52 Ni roed i fardd erioed fwy.
Ni roesant y rhyw oseb,
Nes ŵyr hen iarll nis rhôi neb.
Brodied ffelwed a phali
56 Bryd y mab Herbard i mi,
Breuder hael yn brodio rhwyd,
I Beredur y'i brodiwyd.
Gwladfardd wyf, glodfeirdd afael,
60 Gwelwch 'y mhais, Gwalchmai hael.
Gwisg Wiliam, megis Galath,
Ni wisgan', feirdd, wisg un fath.
Gwawr ddeuliw, gwe urddolion,
64 O frwydau Groeg y Ford Gron:
Gwythi aur tawdd, gwaith o'r tân,
Gwythi eraill gwaith arian.

A fu olwg dan felwed,
68 Satyn graen, o'i sut dan Gred?
Wybren ddu bryn Iddewon,
'Mhelydr haul aml drwy hon.
Eilio erw'n wiail arian
72 Ar len am ŵr, liniau mân.
Marchog wyf ym mharch gwiwfeirdd,
Mae gwisg o'i bath ymysg beirdd?
Gwisg ffres megis eog Ffranc,
76 Gwawn o ne a'm gwna'n ieuanc.
Ail Padarn, o help ydwyf,
Hapusrodd wisg, Peisrudd wyf.

Brau os wyd yn bwrw sidan,
80 Brau yw dy lwc, Herbard lân.
Glana' dyn o galon dâr
Wyt ti sy'n cerdded daear.
Os dal ynys, wyd lanwych,
84 Ac os gŵr ar law gwas gwych,
Herbard hir, be raid Harri,
Dalied oll ar dy law di.

Lewys Morgannwg

(22)

I ofyn bwcled gan Domas ap Huw
o Lwyntidman dros Dudur ap Siôn

Y carw ifanc arafwych,
Cynnyrch claim, cawn euro'ch clych;
Cadarn ydych yn codi,
4 Ceidwad eich hollwlad ych chwi.
Cawn wŷdd ieirll acw'n y ddôl,
Cawn it draw canwaed rheiol;
Cei naw mil acw'n y man
8 Cennyd, Tomas, cnot ymwan.
Hoywlan gŵr, hylawn gariad,
Hy wyd a dwrn Huw dy dad,
Fab Ifan, wŷdd arian ddail,
12 Amhredudd, mwyhau'r adail,
Fab graff ddart, fab Gruffudd wych,
Fab M'redudd, fab mawr ydych,
Fab Ednyfed, am ged gynt,
16 Gam, orau a gymerynt.
Mawr oedd fonedd, rhinwedd rhan,
A chyfoeth Mawd ach Ifan.
Mae'r gair â mawr ragoriaeth,
20 Maner waed Hanmer yt aeth.
Llin Cinast yn llawn cennych,
Llewod ac un llew du gwych.
Hen waed Iarll, hynod eurllin,
24 Tancrffil, caed ganmil coed gwin;
Sierltwn, ni'm dorwn d'euraw,
A Chlosedr iwch, elwais draw.
Deliwch a chydchwerddwch, iôn,
28 Dygwch eich holl gymdogion.
Gair sydd iwch, rhagor swyddwr,
Gair a dynn gariad i ŵr:

Gair y wlad, gwrol ydwyd,
32 Gair y gwan, trugarog wyd.
Yn llys dawnus daioni
Arndel mae'n dda d'arddel di.
Brau, twymn, yn bur wyt, Tomas,
36 Blodeuyn, pen-gronyn gras.

Mae un dyn a'ch edwyn chwi,
Bryd awch, mewn bwriad ichwi:
Tudur, benadur ein hiaith,
40 Fab Siôn, waed eilon dalaith,
Fab Gruffudd bur naturiau,
Fab Siancyn o'r brigyn brau,
Ac os rhaid, negeswr wy'
44 Dros Dudur a'i dryst ydwy'.

Blysio a wnaeth, nid blys hen aur,
Tlws o'r eiddoch, teils rhuddaur:
Bwcled caled rhag gelyn,
48 Brwyts dur ni ad broetsio dyn.
Cwmpas dur, campus darian,
Cyswllt mellt, cae Esyllt mân.
Clwyd a ariannwyd ar einion,
52 Cwrel grâps mewn cwarel gron.
Cylchau dur cylch ei doryn,
Egroes y gof ar grys gwyn.
Ei falen a ddyfeles
56 I gan mil o egin mes;
Grwn ag wyneb grawn gwenith
A'i gwysau'n foglynnau gwlith.
Grifft yw'r had mewn grofft aur hydr,
60 Grawn gleisiad ar groen glaswydr.
Gwrychau'n dân fel gwreichion dur,
Gruglus mewn gogr eglur.
Garw iawn ddysglaid gron, ddisglair,
64 Grawn mân ymysg eirin Mair.
Rhyw hoelion sythion yn sarn,
Rhod llaw fel rhidyll haearn.

Llen deg â lliniau digudd,
68 Erwi lle rhoed eurlliw rhudd.
Disgluswaith dysgl asur,
Dwbl tyrch ar y deublat dur.
Miliwn o sêr ymlaen siâs,
72 Main yn berl mewn iaen burlas.
Bùl llin yn belau llawnaur,
Brech wen ar y breichiau aur.
Brodio gwaith, rhwng brwd ac oer,
76 Arianlliw ar y wenlloer.
Eginodd gwaith o'i ganol,
Ei durn â nyth dwrn yn ôl,
Bath a elwir both olwyn,
80 Bos dur awch â bys o'i drwyn.
Cannwyll rhag ofn brad cynnen,
Cysgod rhwng ffonnod a phen.
Pan dro'r haul, pinau drwy'r rhwyd,
84 Pont yn ôl, pant anelwyd.
O chair, glaer wych ar ei gledd,
Dur yn bais dwrn a bysedd,
Talu wna un o'r tylwyth,
88 Tudur wych, bur, iwch ei bwyth.

DAFYDD GLYNDYFRDWY

(23)

I ofyn caseg gan Siôn ap Rhisiart o'r
Gwynfryn dros Syr Huw Brwynog

Pa ŵr enwog pur annerch?
Pwy onid Siôn, pennod serch,
Ap Rhisiart, wayw pur asiad,
4 Ap Gruffudd, lywydd y wlad?
Ni chair, ni ddygwn iach hwy
Na grawnwin Siôn ap Gronwy;
Ifan, o gyff enwog oedd,
8 Ab Einion a rôi bunnoedd.
Mawr oedd glod, beirdd a'i nodynt,
M'redydd Goch am roi'i dda gynt.
Ariannu beirdd, ŵr enwawg,
12 Y cawn ŵyr Huw Conwy rhawg.
O Farchudd, ail Nudd in yw,
Orau hynaf o'r henyw.
Bybyr fraisg, fawrwaisg farwn,
16 Brau, hael o Salbri yw hwn.
Trown uchod at ran achau,
Tu Ifan Llwyd tan wellhau.
O Owain iach, âi yn un
20 Ag yntau, lew Brogyntun.
Cydran fonedd frig gwaedryw
Coetmoriaid oreublaid ryw.
Tynnodd at du Einiawn,
24 Tu'r Gwion Llwyd, trwy egni llawn.
Oes un iach, er a sonion',
Uwch y sy nag iachau Siôn?
O farn wir, hael farwn rhydd,
28 Ef yw enaid Eifionydd,
Ac iawnfraint lys y Gwynfryn
Yw lles Eifionydd a Llŷn.

Diledwag i dylodion
32 A dilys yw adlais Siôn.
Pob eirchiad, pawb a archo, —
Pand fyth? — eu pennod yw fo.

Siôn, un sy yn ei annerch,
36 Syr Huw Brwynog, swyddog serch,
Glân fu erioed, galon frau,
Glân nod bugail eneidiau.
Beunydd tramwy bydd, trwm bwys,
40 Bu draglew, bedair eglwys.
O gwnaeth wasanaeth y saint,
Aeth hwn mewn gwth o henaint.
Egwan yw'r traed gan ŵr trwm
44 Ac adwyth fydd ei godwm,
A'i fawr achwyn fry echwydd
Wrth Siôn am gynhorthwy sydd,
A rhoed i'w arwain yrhawg,
48 I Syr Huw, gwrser rhywiawg.
Oni rydd farch hybarch hir,
Rhoed wilog, hwyr y'i delir,
Yn odrom i'w ddwyn adref,
52 A'i gwd a'i geirch gydag ef,
A'i botel lle dêl llwyd ŵr,
A'i fir megis oferwr,
A'i chael heb na gwad na chig
56 I rusio dan ŵr ysig.
Rhyw ynfyd wilff o'r henfath,
A rhwydd i'w frest y rhydd frath,
A dyrnod, od â arni,
60 I'w goesau hen a gais hi.
Neidiaw wrth dramwyaw main,
Naid heb rym onid bremain,
Rhedeg yn dinffagl draglew,
64 Rhediad hwch ar hyd ŷd tew.
Llamu, brasgamu, os gyr,
Llym wib heb un llam pybyr.

Lluddia, er cymell heddiw,
68 Lle is gil neb, llaesglun yw.
E wna Syr Huw onis rhed
Â'i sowdl iddi ais waedled.
Diobaith fydd ei diben,
72 Dwyn briw gan ysbardun bren.
Sarhau neu ddwyn Syr Huw'n ddig
Sy raid i'w gwefl soredig:
Anferth, ddihaeddwerth heddiw,
76 Enfys hen, anafus yw:
Mae i'w weled, glwy milain,
Mintag a'i gwna'n folwag fain;
Ysgwâr oll ŵyr esgor llid,
80 Ysgyfaint ysig ofid.
Ba fethiant, ba fai weithion,
Ba ryw haint na bu ar hon?
Llibin glust, ŵyll heb iawn glod,
84 Llednoeth fam yr holl lydnod.
Ba waeth oedd, bu wyth iddi,
Be dôi ebol i'w hôl hi?
Ag enwog ffrwythlan gynnydd,
88 Ac i'w fam annhebyg fydd
Â thoriad, perffaith arial,
Dros Syr Huw, *a* Duw a dâl.

SIMWNT FYCHAN

(24)

I ddiolch i Owain Glyn am lyfr i ysgrifennu cywyddau

Da waith y seithwyr doethion,
Difeius, hardd a difai sôn,
O Roeg gynt, unair y'u caid,
4 A llawn urddas eu llonaid.
Un gŵr heddiw'n cyrhaeddyd
Eu gair byth drwy gyrrau'r byd:
Mastr Owain, moes drwy naw mil,
8 Glân, da wedd, Glyn, dieiddil;
Moester fawl, Meistr of Art,
Fyw ryw hybarch oreubart,
Ac o sgwïer, gwaisg gywoeth,
12 Ŵyr Iemwnt, ar rymiant aeth;
Mawr had Robert Amhredudd,
Dectir a'i fawl, Doctor fydd.
Cael yma'n gryf, cloi mewn gras,
16 Claim Nudd, Cilmin a'i addas.
Clod rhwydd o Fwlcleiod ryw,
Un rhan waed Penrhyn ydyw.
Iachau oll o Gwchwillan,
20 Iechyd ras uchod i'w ran.
Rheidiol ŵyr Siôn Amhredudd,
Ei wisg byw, fel esgob fydd.
Irwaisg glod ei aur wisg lain,
24 Irwydd yw o'r ddau Owain:
Owain Gwynedd yn gynnes,
Owain Glyn, llawn gael yn lles.
Daniel waith o Stanlai iach,
28 Dawn barabl; oes dyn burach?
Da rinwedd mawredd a maeth,
Dewis gwaed mewn dysgeidiaeth;

Fel Elis, i fawl helynt,
32 At wiw lwys gad, Dotlys gynt,
Golud fyth lle'i gwelid fo,
Gras oesrym, geiriau Sisro.
Er mawredd, bonedd y byd,
36 Gair y byw ac er bywyd,
Gwell yw dysg mewn gallu da
A'i rhan aml na'r rhain yma.
Nid mawredd drwy fonedd draw,
40 Nid ystad ond astudiaw.
Gair enwog y gŵr uniawn:
A gaffo ddysg a gaiff ddawn.
Dan Dduw a dawn weddïoedd,
44 O'r gwaith oll ar goweth oedd.
On'd cam yw nodi cymysg,
Duw maddau im, ddim ei ddysg?
Pris naw tir, presiant hirwyn,
48 Pa le tŷ'r glod, Plato'r Glyn?
Prawf allu, prifio wellwell,
Pob iaith a ŵyr — pa beth well?
Pennaeth, ni wnaeth gam â neb,
52 Pur deutu, parod ateb.

Rhoddes gŵr, hyddysg araith,
Rodd ar ryw er harddu'r iaith:
Llyfr mawr, er llafur i'r mau,
56 Lle gwedd fy holl gywyddau.
Gwisg enwog, gwysau gwynion,
Gorau'i fodd o Gaer i Fôn.
Maith, tradeg waith, tir di-gŵl,
60 Im oedd i'w hau â meddwl.
Cael sidan gwddl*an* i'w gau,
Claer wiwdlws, clior odlau.
I roi moliant, rym eilwaith,
64 Du ar y gwyn, da yw'r gwaith.
Seinier cerdd, synhwyrau cân,
Siarad ar gwysau arian.

Mae gwiw sad rodd megis drych,
68 Mawr ddodrefn, myrdd a'i edrych.
Arian dlws ir, nodol sôn,
A gâr ddeuryw gerddorion.

Meistr gwŷr, mae stôr gariad,
72 Glyn, dêl wrth fodd y glân Dad,
Iechyd hiroes, gwych dario,
Aur gnot fyth ar Gaint a fo.

LEWYS MENAI

(25)

I ofyn gwenyn gan Gadwaladr ap Huw
o Gelynnog dros Huw ap Rheinallt a
Gwenhwyfar ei wraig

Y carw glân, pob cywir glod
Cyfannedd y'i caf ynod,
Cadwaladr, cu waedoliaeth,
4 A phaladr corff Rhaeadr ffraeth,
Fab Huw, a fu'n byw yn bur,
Bowain ydwyd, benadur.
Glân gorff o Gelynnog wyd,
8 Anwyledd yw'r hen aelwyd:
Y Fron-goch, freiniog wychair,
O Fochnant, medd cant, y'i cair.
Aer haelwalch, o ryw Heilin,
12 I Frochwel wyd, fawrwych lin;
O Gyffin, pawb a'th geffynt,
I Fleddyn ap Cynfyn gynt.
Rhyw sein llew, rhosyn llawen,
16 Rhosyn gardd Sandde Hardd hen.
Gelynnin wyt, glain un wedd,
Carw Gwennwys, craig o Wynedd.
Nid oes dwyll, dwys yw d'allu,
20 O fewn dy iach neu fan du.
Gŵr a fo hael ni ffaelia,
Gŵr doeth a ennill gair da:
A fo glân a chyfannedd,
24 Glân air a galyn ei wedd.
A'th wawr, Siân, i'th euro sydd,
Wawr freudeg, orwyr F'redudd —
Pwy lanach pob haelioni?
28 Pwy degach ei hiach na hi?

Cyffiniaid, plaid ym mhob plwy,
Cu enaid, gwaed Nanconwy;
Deuddyn ydych wych a gaf
32 A gyd-dynn o'r gwaed hynaf.
Lle caffer dawn, dralawn dro,
Cenedl ni wnânt ond cwyno.

Dau sydd heb dewi â sôn
36 A'ch annerch drwy achwynion:
Huw draed hydd, hydr at allt,
Pur ei waneg, ap Rheinallt,
A Gwenhwyfar, eich cares,
40 Ienctid mewn llawnfryd i'w lles,
A'ch gofyn am eich cyfoeth,
Cadwaladr, ŵr dewrgadr doeth.
Dau yn dechrau, diochrwaith,
44 Cynnal tŷ acw'n ôl taith;
Wrth ddechrau, llyna ddau ddyn
Chwannog i gwch o wenyn.
Cwch o wenyn, cychwynnant,
48 Gennyt, hael, gael un o gant.

Gofynnant yn gyfannedd
Gryn faich a wna'r gerwyn fedd.
Cyched o bryfed ar braw',
52 Carliaid a ochel curlaw.
Cnydlawn wenyn cynhedlawg,
Can mil, pery'r hil yrhawg.
Cawod fel yr ôd ar wŷdd,
56 Cawod fanod ar fynydd.
Gwau aml gywion gogymysg
A sŵn mawr sy yn eu mysg.
Nasiwn ni charan' eisiau
60 Na thristwch yn eu cwch cau.
Haid o greaduriaid da
Yn myned i hel manna.
O'r gwenyn ar y gwinwydd
64 I ninnau siamplau da sydd.

Dan eu capten a'u brenin,
Diddadl nad trwyadl eu trin.
Gweithio ar hyd gwythi'r haf
68 Yn gywir erbyn gaeaf:
Rhai'n gosod cwyr, llwyr wellhad,
Rhai'n ei gyrchu, rhai'n gwarchad.
Dygant — pa rinwedd degach? —
72 Lwythau gan eu berrau bach:
Dwyn mêl, a roes Duw i'n maeth,
I'w diliau llawn hudoliaeth.
A diboen gan had Abel
76 O dwynau maes dynnu mêl.
Ar lysiau garddau a gwŷdd,
Ar y dail, ar y dolydd,
Ar wlith wybr, ar briflwybr brau,
80 Ar y grug ac ar greigiau,
Ar bob lluniaeth, ar draeth draw,
Y gwenyn a gânt giniaw.
Difethant, byddant mor bur,
84 O'u seigiau, y rhai segur:
Onynt, a fratho unwaith,
A gyll ei cholyn a'i gwaith.
Ymadel ar dawel des
88 Â'r hen haid heb air hanes
Yw defod heidiau ifainc
Tua hen geubren neu gainc.
Gwybed â'n giwed i'r gwynt
92 A'u cornor acw arnynt,
Hwythau i ddechrau yn dda
O salwfyd i breswylfa.
Iawn i ni yn union nod
96 Notio'r rhain, natur hynod,
A mawrhau y gorau'u gwedd
A ŵyr rannu eu rhinwedd.
Ffynnu, cynyddu a wnânt,
100 I ddedwydd, rhai a ddwedant.

Tra bo Huw byw yn y byd,
A Gwenhwyfar gain hefyd,
Cewch ganu i'r cwch gwenyn
104 A meddwi gwlad mewn medd glyn.

ROGER CYFFIN

(26)

I ofyn i Risiart Fychan, Archddiacon Middlesex,
am lyfrau gwasanaeth i eglwys Llandudwen ar
ran Robert Madryn, Maredudd ap Tomas
a Gruffudd ap Rhisiart

Canwn glod, cawn win a gwledd,
Cymru i un Cymro o Wynedd;
Cymro, aed Cymry ataw,
4 Cymro o Lŷn, caem aur o'i law.
Mae'r glod oll barod lle'i bo,
Gair addas drwy Loegr iddo,
Ac arno mae, gwiwran maeth,
8 Goel deg mewn galwedigaeth.
Grisialfaen, gu ras heulfyw,
Glwys, gwres dawn, eglwys Grist yw.
Dygaist, da y tynnaist hyd hyn,
12 Drwy gwrt rodd, do, 'r Gair trwyddyn'.
Dwg air o glod, y gŵr glân,
Dwg tra fych, Doctor Fychan.
Doctoriaid, aeth haid i'th ôl,
16 Doctor Rhisiart, act rasol.
Cadw'r lle cyda ieirll ieuainc,
Lle deféin penllâd y fainc.
Dy le a gedwaist, hael gadarn,
20 Yn d'ysgol fawr, dwys glau farn,
Ym mrig hon mwy yw'r cynnydd
Yn nechrau d'oes, harddfoes hydd.
Deliaist heb anwadalu,
24 Difri fab diofer fu.

   Da ydyw parch dy waed pur,
Daed Tomas, dad diamur.

Twf rhwydd gael it fawredd glân,
28 Twf o iach Robert Fychan.
Gruffudd, deheuwydd Hywel
Amhadawg, rhoes eurawg sêl;
Rhyw Einion Lwyd, rhan hen Lŷr,
32 Bu o 'Fionydd heb fanwyr,
Rhyw Gollwyn, dôi rhawg wellwell,
Doe ni bu ryw dan wybr well.
Ar iach Gonwy rhowch gynnydd,
36 A Salbri des haul wybr dydd.
Iach dy fam mwy parch dy fod,
Iach o Gefn-amwlch gyfnod.
Datodais hyd at Dewdwr
40 Iach hen waed, wyt wych yn ŵr.
Gwlad Lŷn, gwylied lawenydd,
Cân' o'r ddau Hwlcyn ryw ddydd,
Ac o Siôn, wregys henaur,
44 Amhredudd, budd a chob aur.

Daethost fel y'th fendithir,
Doed holl ddoctoriaid y tir.
Trwy urddas glod, trwy'r ddysg glau,
48 Trwy gariad, ti yw'r gorau.
Dechrau rhoddiadau'r ddeudir
Iti sydd, bo it oes hir.
Archdiagon, aur iwch dygwyd,
52 Ail Eisag Sant, Mulsecs wyd,
Aposer, drwy help Iesu,
I'r Nêr, Arglwydd Ciper cu.
Dy brins a edwyn dy bryd
56 A'th ddwys gof a'th ddysg hefyd.
Meddwl, fel y mae addas,
Am y gair it y mae Ei Gras.
Beth yw bod esgobaeth bach
60 Iti'n barod, hen buriach?
Cyn nemor, rhodd can nawmorc,
Cawn it un ai Caint ai Iorc.

Er gwybod, mwy yw'r gobaith,
64 Ebryw a Groeg, bur groyw iaith,
Cadw'r wyd, lle caid rhediad,
Ddoeth huawdl wedd, iaith dy wlad.
Gwŷr dy wlad, gŵr dilediaith,
68 A geri i gyd, gorau gwaith.
Gwarant gywirdant gwrda,
Gwarant wyd i'th geraint da.

Triwyr sy it ar wir serch
72 Trwy Wynedd yn troi annerch:
Dy wir nai, Madryn ieuanc,
A'th frawd hydr iaith, fryd di-dranc,
A'th gefnderw iach, chwerw ni chaf,
76 Dewr naws, o Fadrun Isaf.
Robert hyged a M'redudd
Yw enwau'r rhain, rhoen' aur rhudd,
A Gruffudd, drwsiedydd serch,
80 Ap Rhisiart hap oreuserch.
Adeilad mewn duwiolwaith
A wnaen', ac iawn enwog waith,
Llety mawl Iôr, lle teml wen,
84 Lle nodedig Llandudwen.
Bu ar lawr, berwyl irad,
Er ystalm heb fawr ystad,
A'r triwyr hyn trwy air hawdd
88 Dyledawg a'i 'deiladawdd.
Gwnaethant, lle rhyglyddant glod,
Y llan bur oll yn barod.
Nodais waith, nid oes weithian
92 Ond eisiau llyfrau'n y Llan.
Dodrefn teml ddiseml, ddwyswaith,
Yw llyfrau — gwell a fo'r gwaith —
Ac atad, gariad y Gair,
96 Trown annerch y tri'n unair.

Am dri llyfr, medri wellhad,
Sy'n tueddu santeiddiad:
Y Beibl, help y bobl, ei hun,
100 Llai fo'r cam, a'r Llyfr Cymun,
A llyfr budd, nid llafur byr,
Mawr waith eiriau Merthyrwyr,
O waith Siôn, gyweithas aeth,
104 Ffocs hen, ddi-ffug wasanaeth.
Â'th dafod perffaith dwyfawl,
Arwydd pur fel yr oedd Pawl,
Troi a wnaethost, ran ieithydd,
108 O lygrau ffeils Loegr i'r ffydd.
Lle y'th anwyd, pell y'th enwais,
Och wlad Lŷn na chlyw dy lais!

Am hyn gyr, fy mhaun geirwir,
112 Lyfrau gras eiriau i'r sir.
Os da'n ffydd — oes dawn hoff well? —
Y trillyfr a'n try wellwell.
Ac yn y Llan, gannwyll iaith,
116 Am wiw roddion mawreddwaith,
Iawn gyda thi'n gydwaith hawl
In droi gweddi'n dragwyddawl.

SIÔN PHYLIP

(27)

I ofyn men gan Huw ab Edward Rolant o
Fellteyrn dros ei frawd yng nghyfraith,
Dafydd Llwyd o Glynnog Fawr

Y gŵr sydd fawr ei gariad
A fyn le o fewn y wlad,
Huw, wyd uchel dy iachau,
4 Hoywlan fryd â'r galon frau.
Aer Edward eirwir ydwyd,
Yn wir, a rôi'r bir a'r bwyd,
Ac ŵyr Rolant mewn antur,
8 Ap Robart, hir ei ddart ddur.
Iach Rhirid Flaidd, gwraidd y gras,
Iach o harddwaed wych urddas.
Yn iach dy fam ni cheid fwlch,
12 Gofyn yma i Gefnamwlch.
Llusern o Bengwern, fab, wyd,
Llwyn Adda, da'i llunieiddiwyd,
Dy waed oll ar godiad yw,
16 Un waed â'r Penrhyn ydyw.
Iach Einion wych, union wŷdd,
A chymharu iach Merwydd.
O Gollwyn mae dwyn dy iach,
20 O ryw Cynan, frig heniach,
O Hwfa deg hefyd, walch,
Ap Cynddel, groywffel graffwalch.
Da yw dy iach a di-dwn,
24 A'th air enwog, o thriniwn.
Dyn nodol wyd, Huw Rolant,
Difalais wyd fel y sant:
Pob rhinwedd wych, pob rhan dda,
28 Pob iawnedd, medd pawb yna,

A phob rhodd wych mewn drych draw
A geir ynod heb grinaw.
Glân wyd, Huw, glew enw it aeth,
32 Glân a hael, galon helaeth.
Hael yw Llŷn, meddyn' i mi,
O Lŷn y daw'r haelioni.

Dy frawd, hynod Frytanwalch,
36 Dewr, gryf, sy'n d'annerch di'r gwalch:
Dafydd Llwyd, o foddau llon,
Gwinau, gan ferched gwynion.
Mab Huw lân, imp haelioni,
40 Mae iach hwn un rym â chwi.
Un waed ydych, nodadwy,
Nid un serch i gorff merch mwy.
Llawer merch loywserch, laeswallt,
44 Llathr, wiw rudd, is llethr yr allt,
A hudodd mewn rhyw adeg
I'r oed dydd wrth eiriau teg.
Fe ro' i gyngor i forwyn,
48 Heneiddio mae y Nudd mwyn.
Er bod Dafydd, Nudd ein hiaith,
Yn ifanc yn llawn afiaith,
Ymroes hwn, da gwn nad gwaeth,
52 Was mwynaidd, at hwsmonaeth.
Y tir lle mae yn tario,
Di-elw fydd heb ei dail fo.
Y tail sydd at ei olwg,
56 Ond eisiau men den a'i dwg.

Rhowch fen ar ei gobennydd
I'ch brawd i deilaw drwy'r dydd:
Rhodau, crawennau crynion,
60 Rhuwl arw fry'n rholio'r fron.
Torthau, afrlladau llydain,
Trwy yrru hoit y try'r rhain:
Cyd-droi'n flwng rhwng taran floedd,
64 Clywch eu twrw, cylchau tiroedd.

Coetennau, cacennau coed,
Crawennau cawr o unoed.
Bariau i'r rhodau'n rhedeg,
68 Breichiau mewn morteisiau teg,
Dwy olwyn goed, lân eu gwaith,
Ar rwn a dry ar unwaith,
Dwydroell yn ôl meirch didrip
72 Drwy ynni chwyrn a drôn' chwip.
Oes dwy mor anystywallt,
Uchel eu gwich, uwchlaw gallt?
Os un a dry dan swniaw,
76 Y llall a dry wellwell draw,
Nis try un, mae'n estrones,
Heb y llall mal y bo lles.
Olwynau i deilo Ionawr
80 Yn llawn hoelion moelion mawr.
Mae yng nghanol pob olwyn
Lun y glob mal unig lwyn.
Dwy foth yn y rhodau fydd,
84 A'u gwely ar ael ei gilydd.
Dwy fron merch, o'ch annerch chwi,
A deudwll drwy'r ddwy didi.
Echel goed uchel ei gwich,
88 Da y lleinw ddeudwll unwich.
Mae'r echel megis elawr,
Mal marchbren dan y fen fawr,
Echel arw, uchel, erwin,
92 A chafn blawd ar ei chefn blin.
Cist o goed, cestog adail,
Cafn yn dwyn i'r cefn hen dail.
Cludlestr yn cario clodlwyth,
96 Ceir holl Went nis caria'i llwyth.
Clod ben yw cludo beunydd,
Coffr boen mewn cyffro bydd,
Un pen rywdro'n dringo draw,
100 Un tani yn pentwynaw;
Un a geir yn agored,
A rhag gwall cau'r llall ar lled.

Hardd yw ei gweled ar ddôl
104 A'i rhodau angenrheidiol.
Os am hen dail, hwsmon da,
Os mwnws di-swm yna,
Os y gwymon cynffonnir,
108 Dy gert, Huw, a'u dwg i'r tir.

Rhowch gertwen, grechwen grochwawd,
Rhwydd o'ch bron yn rhodd i'ch brawd,
Ni bu mewn gwlad er Cadell,
112 Hudol nos, a'i dlyai'n well.

SYR HUW ROBERTS LLÊN

(28)

I ofyn bad hir o Sbaen gan
Syr Wiliam ap Morys o'r Clenennau

Yr eryr dewr ar wŷr dig,
Iraidd ydwyd, urddedig:
Wiliam wrol, helm euraid,
4 Cei'r bêl mewn rhyfel i'n rhaid,
Aer Morys, far awchus, frau,
A glân winwydd Glenennau,
Ŵyr Elisau aur lysoedd,
8 Ymlaen sawd moliannus oedd,
Rhyw Siôn ar ddynion i'w ddydd,
Ifor wiwdeg o F'redudd.
Llin Pilstwn, gwyddwn heb gêl,
12 Llin iach Glynlliwon uchel,
Rhyw Einion, cyfion y'ch cad,
Rhyw Stanlai, difai dyfiad.
Eich hynaf o iach union
16 A ruwliai dir y wlad hon,
Dithau, mewn cadau rhag cam,
Wyt ruwliwr i'n tir, Wiliam.
Eich doethder, noder, glân yw,
20 A'ch swyddau 'mharch sy heddiw.
Admiral, cynnal frig hedd,
Mawr inni yma ar Wynedd.
Ni ddôi long yna i ddwy wlad
24 Â'i gynnau heb dy gennad.
Lifftenant, â meddiant mawr,
Gwlad Arfon, golud irfawr.
I'r ddwysir, gwelir dy gost,
28 Siŵr fywyd, siri fuost.
Mawr yw'ch enw 'mharch enwir,
Marchawg orseddawg o'r sir.
Am swydd lân cludan' eich clod,
32 A gair iwch yn Lloegr uchod:

101

Enillaist, rhuwliaist yrhawg,
Gredyd, ysgwïer gwridawg.
Calonnog, gŵr enwog gwych,
36 Cadarn ar y fainc ydych.
Gŵr odiaeth, teg ryw ydwyd,
Gwalchmai y gwindai rhawg wyd.
Gŵr call i garu cellwair,
40 Gŵr serchog, cefnog y'ch cair,
Brau a hael, ddianael ddyn,
Bath Ifor, pawb a'th ofyn.

    Minnau, Tomas, maentumiwn,
44 Wŷr y môr i'm goror, gwn,
Yn troi i ymwan, yn tramwy,
Bûm gynt yn eu helynt hwy,
Ac yr awron, gair irad,
48 Yn byw heb na llong na bad.
Mae gennych, mi a gwynaf,
Fad ar hwyl i fudo'r haf:
O chawn iechyd, chwenychwn
52 Dreio hap mewn dŵr â hwn.

    Cwrtiwr dŵr cry', tyr y don,
Crud yna'n cario dynion.
O'i 'stlysau drwy ffrydau'n ffri
56 Esgyll a'i pair yn wisgi:
Rhwyfau mal rhawiau i'n rhan,
Isel ateg i slotian,
Ysgyrion gwynion yn gwau,
60 Gwŷr a'u tyn 'r hyd gwar tonnau.
Y rhain a'i gyr, lle'u rhennir,
Yn erbyn gwynt, helynt hir,
A chyda'r gwynt ychydig
64 Hwyl bach a bair holi'i big.
Ar dymestl, ar ryw dymor,
Llamhidydd a fydd ar fôr.
Carlamu, ceir ei lymwaith,
68 Cist â gwŷr, cestog ei waith.

Cerwyn hir, ceir i'n harwain,
Cawell ar fôr mal cell fain.
Gwelir, gyrrir is gorallt
72 Galeri mewn heli hallt;
Perygl, oer ei sigl ar siâs,
Parlwr 'r hyd brig dŵr purlas.
Prennol, od â i wrol daith,
76 Perygl einioes, pur glanwaith.
Ar gyrrau môr neu'r gro mân
Ceir fo'n rhocio neu'n rhician.
Tramwywr, tuthiwr teithwyllt,
80 Twrch hir a welir yn wyllt.
Aflonydd yma fydd fo,
Anwadal y mae'n neidio.
Tebyg, main ei big yw'r bad,
84 I chwannen ei gychwyniad:
Neidiwr rhy gyndyn ydyw,
Naid yr iwrch a nodir yw.
Elawr ar fôr a welant,
88 Neu arch hir gan wŷr â chwant;
Trysor ar gefnfor, lle gwedd,
Yn tynnu yw'n tŷ annedd,
Yn chwidr hyll, was serfyll sydd
92 Yn flin ac yn aflonydd.
Am hyn, o tyn ym min tir,
Ei ffriw yno a ffrwynir;
Wrth angor mewn garwfor gau,
96 Yrhawg crogir rhag creigiau.

Gyrrwch im yn deg orig
Gwch o Sbaen ag awchus big
I'm dwyn yn fwyn, da iawn fydd,
100 A'i lonaid o lawenydd.
Gyrraf innau, gryf annerch,
Fawl iti fyth fel at ferch,
A chlod ar dafod ifanc
104 Dra fo bad wrth dref a banc.

TOMAS PRYS O BLAS IOLYN

103

(29)

I ofyn dau bistol gan Domas Owen
dros Robert Salbri o Lanrwst

Y sawdiwr dwys dewr ei dôn
Yn arwddig yn y Werddon,
Tomas, urddas gywirddoeth,
4 Owen, a'i bawen yn boeth;
Gŵr hwylus â gair hylaw,
Gydled ei lun, gwaedlyd law.
Gwae Wyddelod, hynod hap,
8 O'th eni, lle doeth anap:
Curaist a sethraist yn sarn
'Ynhwy eusus yn wasarn.
Dirwyn am waed draw'n eu mysg,
12 Dy arfod a wnâi derfysg.
Rhygerth loes, Duw i'n croesi
Rhag bod dan dy arfod di!
Nithiaist y Werddon neithiwyr,
16 Noethaist a lleddaist yn llwyr;
Lleddaist ddwyfil o hil hon
Eleni o'th elynion;
Dyrnaist bumcant mewn diwrnawd
20 Ar frys rhwng dy fys a'th fawd.
Pe bai grwyn draw pawb o Gred
Yn yr unlle ar iawnlled,
Âi'n rhyfeddod, hynod hyn,
24 A leddaist mewn un flwyddyn:
Lladd gwŷr yn bybyr heb wedd,
Llaw ddi-grug, lladd y gwragedd,
Lladd y plant yno o wrantu,
28 Llawio diawl fel y llew du.
Gyrraist, pan fynnaist ei fudd,
Tirôn i ffo i'r tarennydd.

Nid rhyfedd, osgedd asgwrn,
32 I ddyn nad erys dy ddwrn:
Fe ffôi ddiawl, hawl wrth holi,
I'r tân rhag ofn dy bryd di.
Duw a gadwo, hoywdro hedd,
36 Dynion rhag ofn dy 'winedd.
Torraist â'th gledd draw, meddant,
O bennau gwŷr buan, gant;
Taro'n rhwydd fel tarw i'n rhaid,
40 Torrwch bennau'r traeturiaid!
Ni ellir, gwelir heb gas,
Un diwrnod yn y deyrnas
O dôi ryfel wrth drefi,
44 Ail Hector, mo'ch hepgor chwi.

    Mae'n d'annerch, man adwaenir,
Dy nai sy hynod, yn wir:
Robart, bu lewpart heb les,
48 Salbri, ŵr heini'i hanes.
Llawer noswaith, llwyr nasiwn,
Ar hyd ei hun rhedai hwn
I Lanrwst, ffrwst anoff rod,
52 Farus iawn, at fursennod
I'w dilid, hynod olwg,
Yn wael ei drefn yn ôl drwg.
Ni ddôi eneth dda yno
56 I'r dref na wypai ar dro.
Ni châi eneth wych anael
Ei cho' nes iddo ei chael,
A chwedi'i chael, hael fu'r hedd,
60 Ni rôi bin er ei bonedd.
Dug lawer, breuder heb raid,
Er brochi, i Gae'r Brychiaid;
Bychan ganddo, bu achwyn,
64 Ferched y sir, farchiad swyn!
Rhyfedd ganddo dro, lle dring,
Gael o neb ond ei gwling.

Ond fo wnaeth hyn, breuwyn bryd,
68 Achos i golli'i iechyd,
A heb ffael i'w gael modd gwell
Mae gwewyr yma i'w gawell,
A bellach gwn ei ballu
72 I ferched ar lled mewn llu.

Dymunai gael, damwain gwych,
Ddau bistol wrol, eurwych;
Dau frodyr difai rediad,
76 Dau efaill di-baill heb dad.
Cas lwnc dibwnc lle y dôn',
Cegau mulfranod coegion;
Ceudod meginau cedyrn,
80 Crupliaid ag uchenaid chwyrn.
Ceir yn ôl, cyrn a welan',
Carreg a dur, craig o dân;
Callestr tanllestr tewynllyd
84 O waith gof yn boeth i gyd.
Perygl iawn, pur goel annoeth,
Pinerau a'r pibau poeth!
Poeran' ddig, purion ddegwm,
88 Pellennau, pelennau plwm;
Crechwenant mewn croch weini,
Crechwen oer i'n cyrchu ni.
I'w dwyn yn sych mewn dinas,
92 Hepgorwch, o gellwch, gas.

Mae gennych yma ganwaith
Ddigon o gas ddeugain gwaith,
Ni bydd yntau'n gwau ar gam
96 Yn ddigas ei hun ddeugam.
Gyrrwch, a rhoddwch y rhain,
Iddo, oherwydd eu harwain,
I'w achub yma o achos
100 Ei waith yn wir eitha' nos.

O cheir y rhain, ni chwery
Yn ymyl byd mal y bu,
Nid â droedfedd, medd i mi,
104 Heb ei ynnau i boeni;
Nid â i yfed, nod afiach,
Heb wn i'w law, banel iach;
Nid â i garu, dig arwydd,
108 Ddyn fain heb y rhain yn rhwydd.
Duw a wnêl, dyna wylaw,
Na ddêl drwg neu ddial draw.

TOMAS PRYS O BLAS IOLYN

(30)

I ofyn tarw brych gan
Syr Wiliam Hanmer o'r Ffens dros
Ifan ap Maredudd o'r Lloran Uchaf

Pwy yw'r llew, top iarllwaed hen,
Piau'r Ffens, praff ei onnen?
Un barwn pert, yn bren pêr,
4 A'n hunmeistr wyd yn Hanmer.
Mal y tad, pob mawl it aeth,
Mastr Wiliam, moes d'wrolaeth.
Os Wiliam oedd dros lu mawr,
8 Wiliam ail, cadw lu Maelawr.
Cydwaed blaen, cedwi dy blaid,
Cun mawr o frig Hanmeriaid.
Dug dy wychder, Hanmer hydd,
12 Drwy'n sir d'ofn, dwrn Syr Dafydd.
Llew mawr â llymwayw Urien
Wyt ym o Syr Tomas Hen;
O Ginastiaid, harddblaid hir,
16 O Siorlltwn, dywys iarlltir,
O egin Cyffin y'ch caid,
O'r Grae, eryr gwar euraid.
Blaenor y beilch, blaena' i'r banc,
20 Breua' sgwïer braisg ieuanc.
Llawer Syr oll er siarad
Llai ei stent a'i allu a'i stad;
Mawr oedd dy rwysg, mor ddi-drwch,
24 Mwy yw gras, od ymgroeswch.
Na ddilyn gam, drychlam dro,
Nid yw lân a'i dilyno.
Y balchaf, trawsaf trasyth,
28 Lleia'i barch ym mhob lle byth.
Dwyfol chwedl, difalch ydwyd,
Dal dy ran, da wladwr wyd.

Yr oen Duw doeth, gwrandaw di
32 Gŵyn carwr, gwn y'i ceri.
Ifan lân, iau fo'n ei wlad,
Amhredudd lle mae rhediad:
Atwrnai, lle blaenai'r blaid,
36 Acw 'nghaerau'r Cynghoriaid.
Caf rhyngoch, meddoch y mawl,
Cariad addfed, ceirw deddfawl,
Carennydd acw'r unawr,
40 Cyfathrach, cyfeillach fawr.
Mae uwch naint dros Mochnant draw
Hafod weddw hefyd iddaw:
Llu 'mhob buarth o'i wartheg,
44 Llenwi ei dir a'r lle'n deg.

Ar eich mawl eirch y Melwas
Iwch roi tarw brych o'r tir bras.
Gwas praff mawr, eiddugus, prudd,
48 Gwargrwm, tagelltrwm, gwalltrudd.
Twrc anial uwch tir ceunant,
Tew â dull gwâr, tad lloi gant.
Llong fraisg a ollyngi fry,
52 Llydan bid llwdn y beudy.
Tarw mawr rhwng y tŷ a'r maes,
Twrlla pengrychrudd torllaes.
Taeog â'r clustiau tewion,
56 Tefyll, ceden mentyll Môn.
Arth a dyr o nerth ei dâl,
Ymwan teirw maint ei arial;
Dur yw naws da'i harneisiad
60 Drwy'i gyrn a'i fodrwyog iad.
Ciniawa'r oedd, cawn ar wg,
Ar wellt dôl, orwyllt olwg.
Crefft mwnc, dwfr a lwnc yn lew,
64 Crefyddwr cryf o Iddew.
Fel eurych â'i flew araul,
Ond dwyn ei god dan ei gaul.

Cloch buches mewn gwres a grym,
68 Crynllwdn fel cawr ewinllym.
Ail gwich cert, aelgoch y'i caid,
O bai orig heb iraid;
Rhydd fain waedd, rhudd fynyddwas,
72 A throi ei bwnc weithiau i'r bas.
Os du iawn yw ysto'i we,
Trwy dân y troed ei anwe.
Lliw draig goch, llew dewr cuchiog,
76 Er glawio inc ar ei glog.
Ail yw'r sêr i liw'r sirian
A'u gloywi 'mysg y glo mân,
A llus haf, y lliw sy hoyw,
80 Drwy sgarlad yw'r wisg irloyw.
Ogfaen bais am ei gefn balch,
Egroes Mai ar grys mwyalch.
Sêr yn faich, swrn o fuchudd,
84 Symudliw rhos, medlai rhudd.
Mae yn feillion mân felly,
Mwyar ar frig marwar fry.
Bwbach o gilfach y garth,
88 Bloedd a bw blaidd y buarth.
Yn llafn cau, yn llyfn y'i cad,
Yn rhawnllaes, yn rhy anllad.
Rhodiaw is ffordd am ordderch,
92 Rhoi llam ar ei fam a'i ferch:
Chwythu tarth ar y gwartheg
A chronni gwich arw'n ei geg.

O rhoi, Wiliam, rheolwr,
96 Y tarw er gwawd draw i'r gŵr,
F'annwyl, gofyn a fynnych,
Fo dâl bris dy fwdwl brych.

RHYS CAIN

Nodiadau

(1)

Rhys Goch Eryri o'r Hafodgaregog, Beddgelert: bardd a oedd yn ei flodau rhwng 1385 a 1448. Ceir ei ach yn *WG(1)*, ii. 430. Credir ei fod yn ddisgybl i Ruffudd Llwyd, gw. *IGE⁴*, tt. xxxviii-liii. Ceir ysgrif arno yn *CLC*, 651.

Dafydd ap Hywel o Bebylldda: ni wyddys dim am y rhoddwr y dywedir yn llau. 31-2 mai gof ydoedd. Dylid cymharu'r disgrifiad o'r faslart â disgrifiad Iolo Goch yn ei gywydd i ddiolch am gyllell, *GIG*, XI, a hefyd â disgrifiad Guto'r Glyn o'r faslart, *GGGl*, LXXX.

30.   o **Bebylldda:** ni welais y ffurf hon ar enw lle yn Archif Enwau Lleoedd Melville Richards yn Llyfrgell Coleg y Brifysgol ym Mangor, ond fe welais y ffurf *Bybyllfa* (Pebyllfa) a gofnodwyd yn y flwyddyn 1698 yn Llsgr. Ba (Mos) 4182. Gan fod 'f' ac 'dd' yn ymgyfnewid mewn enw megis Eifionydd/Eiddionydd, gellir, felly, awgrymu mai gŵr o Bebyllfa yng nghwmwd Cemais yng Nghyfeiliog oedd Dafydd ap Hywel.

33.   **Edwin:** brenin Northumbria yn y seithfed ganrif.

40.   **Ynys Afallach:** yno y gwnaed Caledfwlch, cleddyf Arthur, gw. *BD*, 148: 'Ac ar y glun y dodet Caletuvlch, y cledyf goreu, yr hwn a wnathodit yn enys auallach.'

42.   **hen Dubal:** yn ôl Gen. iv. 22., ef oedd 'gweithydd pob cywreinwaith pres a haearn.'

49-51: Gall mai llafn ar wain y gyllell oedd y **torllwyth,** cymh. *GGGl*, LXXX. 59 a'r nodyn ar d. 352.

66.   **trafn:** mae dwy ystyr bosibl yma, naill ai (i) *arglwydd*, 'llafn sy'n troelli yn llaw arglwydd yn lle y try', neu, (ii) *trigfa*, 'llafn sy'n troelli, y llaw yw ei drigfa, yn lle y try'. Am wahanol ystyron y gair ynghyd ag enghreifftiau, gw. *GDG³*, 143. 3n.

69.   **gan Bowyslu:** ar bwys y cyfeiriad hwn at lu Powys, tybiai Ifor Williams nad Rhys Goch Eryri oedd piau'r cywydd, ond yn hytrach, Rhys ap Dafydd o Bowys a enwir gan Lywelyn ab y Moel fel prifardd Powys ar ôl marw Gruffudd Llwyd: 'nid oes bwynt i Rys Goch *Eryri* ddal y gelwid y gyllell yn hardd gan wŷr Powys', gw. *IGE⁴*, t. 396. Ond mae'r llsgrau. oll yn gadarn o blaid priodoli'r cywydd i Rys Goch Eryri. Ni welaf fod anhawster yn sgil y cyfeiriad at edmygedd gwŷr Powys o'r gyllell, yn enwedig o gofio mai gŵr o Bowys oedd y gof a'i gwnaeth.

72. **Rhawd y Clŷr:** cleddyf Olifer, gw. *YCM,* 152. 13; *GDG³,* 143. 44.
74. **Cwrseus:** cleddyf Otfel, gw. *YCM,* 88. 29.
76. **hen Galedfwlch:** cleddyf Arthur, gw. *CO,* t. lxxvii trn. 203, a t. 6. ll. 159.
78. **Durendardd:** cleddyf Rolant, gw. *YCM,* 26. 29.

(2)

Robin ap Gruffudd Goch ap Dafydd ap Madog: ceir ei ach yn *WG(1),* ii. 689. Yr oedd ei dad, Gruffudd Goch, yn arglwydd cantrefi Rhos a Rhufoniog yng nghyfnod Rhisiart II, gw. *HPF,* vi. 51. Mab i Robin oedd Huw Conwy o Fryneuryn, a thebyg mai yno y trigai Robin, er bod Thomas Roberts yn nodi mai â'r Graeanllyn, Llandrillo-yn-Rhos y cysylltir ef, gw. *GTPITP,* t. 114. Ail wraig Robin oedd Lowri ferch Tudur ap Gruffudd Fychan, brawd Owain Glyndŵr; ceir ei hach yn *WG* (1), i. 32. Credaf mai hi yw'r Lowri a enwir yn ll. 67.

Lowri Llwyd ferch Ronwy: Nid oes sicrwydd pwy ydoedd. Mae'n amlwg mai drosti hi y gofynnir am beunod, gw. llau. 23-4. Gelwir hi'n 'nith' i Lowri wraig Robin yn ll. 68. Mae'n ddigon posibl mai'n llac yr arferir y term hwn yn hytrach nag yn yr ystyr arferol. Ceir mwy nag un Lowri yn yr ach. Priododd Dafydd ap Robin ap Gruffudd Goch â Lowri ferch Dafydd ap Rhys, gw. *Dwnn,* ii. 253. Yr oedd Lowri ferch Hywel ap Gruffudd Goch yn nith i Robin a Lowri ferch Tudur; priododd hi â Rhys ap Maredudd o Ddolgynwal, ond nid oedd yn ferch i Ronwy. Priododd Dafydd Llwyd, eu mab hwy, â Lowri ferch Rhys ap Hywel o Eifionydd (gw. *Dwnn,* ii. 254), ond efallai ei bod hi'n rhy ddiweddar i fod wedi gofyn i'r rhoddwyr hyn am rodd, oherwydd bernir bod Robin a Lowri wedi eu geni rywbryd rhwng 1350-1415. Un posibilrwydd go ddeniadol yw mai Lowri ferch Gronwy ab Einion o'r Gwynfryn yn Eifionydd oedd yr eirchiad. Yr oedd hi'n ail wraig i Robin ap Gruffudd o Gochwillan; am ei hach, gw. *WG(1),* ii. 434, ac am ach teulu Cochwillan, gw. *Pedigrees,* 186. Canfûm ei bod hi'n perthyn i Lowri ferch Tudur; yr oedd Margred, mam Lowri ferch Gronwy ab Einion, yn ferch i Siencyn, brawd Margred, gwraig Owain Glyndŵr. Felly yr oedd Lowri ferch Tudur yn gyfnither i Fargred, mam Lowri ferch Gronwy. Gan fod Cynfrig ap Dafydd Goch wedi canu i aelod o deulu'r Penrhyn, mae'n hawdd gweld sut y byddai'n gallu gweithredu fel canolwr ar ran Lowri, gwraig Robin ap Gruffudd. Ond nid oes modd ei huniaethu'n llwyr â'r Lowri Llwyd a enwir yn y cywydd, gan ei bod yn ymddangos mai cyfenw yw 'Llwyd' yma. Pe bai'n enw cyffredin disgwyliem weld ei dreiglo, ond nid felly y mae; cymh. sylwadau Thomas Parry ar 'Forfudd Llwyd' yn *GDG³,* t. xxvii.

Cynfrig ap Dafydd Goch: ceir ysgrif arno yn *BC*, 83; *CLC*, 121-2. Ceir saith cerdd wrth ei enw yn MFGLl, 166, a dwy o'r rheini'n gywyddau a ganwyd i Wiliam Gruffudd o'r Penrhyn. Cyhoeddodd Dafydd Wyn Wiliam destun o gywydd marwnad y bardd i Lywelyn ab Ieuan ap Tudur o Eiriannell, y bernir ei fod wedi marw yn fuan ar ôl 1441/2, gw. *TCHNM*, (1984), 99. Yr oedd gŵr o'r enw Ieuan ap Cynfrig ap Dafydd Goch yn dal tir yn Amlwch a Phenbol yn 1437/8, a gofyn Dafydd Wyn Wiliam ai mab y bardd ydoedd, gw. *ibid.,* 99, trn. 5. Awgryma hefyd mai i Wilym ap Gruffudd (m.1431) y canodd y bardd y ddau gywydd moliant. Ond o ddarllen y rheini fe welir yn glir mai Wiliam ap Gwilym, ei fab, yw gwrthrych y mawl. Yn Llsgr. Mos 148, 542, dywedir mai: 'wiliam fab wilym yw fo'. Mae'n debygol, felly, mai i Wiliam ap Gwilym y Siambrlen, a etifeddodd diroedd ei dad yn 1440, y canodd Cynfrig ap Dafydd Goch. Gellir mentro awgrymu fod y cywydd gofyn paun a pheunes wedi ei ganu yn ail chwarter y bymthegfed ganrif neu'n fuan wedyn.

10. **Huail:** Huail ap Caw; arno gw. *TYP*, 408, a Thomas Jones, 'Chwedl Huail ap Caw ac Arthur', *Astudiaethau Amrywiol* (Caerdydd, 1968), 48-66.

13-14: **A goludog . . . Fel Siob:** cyfeiria'r Cywyddwyr yn aml at Job a'i gyfoeth; cymh. *GLGC*, 106. 12n, a 15. 43n. isod.

14. **i Felwas:** Melwas, brenin Islont, sef Ynys yr Iâ, a gysylltir ag Arthur. Cyfeirir ato fel arwr neu filwr yn y cywyddau mawl fel arfer, cymh. *GGH*, 7. 76n.

20. **Ifor:** Ifor ap Llywelyn o Fasaleg, Ifor Hael, noddwr Dafydd ap Gwilym, a ystyrid yn safon haelioni.

37. **Abad:** arferol iawn oedd cymharu adar â gwŷr eglwysig; cymh. rhif 12 isod.

38. **ar lled:** gw. *TC*, 387.

39. **maharen euraid:** cyfeiriad sydd yma at y chwedl Roegaidd am Siason yn teithio i wlad Colchis i adfeddiannu'r cnu aur a berthynai i hwrdd a oedd yn medru hedfan, gw. *OCD*, 561-62.

54. **rhedyn Mair:** *Athyrium Filix-femina; Lady Fern* yn Saesneg. Rhedynen sy'n tyfu mewn coedwigoedd cysgodol, ar lannau afonydd ac mewn ceunentydd. Hi yw'r rhedynen gyntaf i droi ei lliw yn yr hydref, gw. J. H. Salter, *The Flowering Plants and Ferns of Cardiganshire* (Caerdydd, 1935), 170. Gw. hefyd Iwan Rhys Edgar (gol.), *Llysieulyfr Salesbury* (Caerdydd, 1997), 149.

55-6. **Modrwyau . . . meirch ieirll:** cyfeiriad at lygaid plu'r paun fel cylchoedd neu loerennod ym mlew ceffylau. Cymh. *ceiniogau, GTA,* CVIII. 51n., a hefyd *caeog* a *llawn lleuadau* yng nghywydd Deio ab Ieuan Du i ddiolch am baun, *GDIDGIH*, 12. 31; 36.

57-8.   **Wi:** ebychiad sy'n mynegi ac yn cyfleu llawenydd a syndod rhyfeddol; cymh. *GDG³*, 24. 18.

62.   **Gabriel:** yr archangel.

66.   **ffens:** amddiffyniad. Cyfeirio at ei phlu a wneir, neu efallai at blu'r ceiliog paun a fyddai'n amddiffynfa iddi. Gall ffens olygu *cleddyfiaeth* hefyd, a hwyrach y gwelid y plu fel cleddyfau euraid.

67.   **Law Ariant:** Enw arall ar Nudd Hael oedd y Llaw Arian, gw. *GTA*, 599. Gw. hefyd 3.1n.

(3)

Elin ferch Llywelyn ap Hwlcyn o Brysaeddfed yng nghwmwd Llifon ym Môn: Ceir ei hach yn *WG(2)*, vi. 1008. Priododd deirgwaith i gyd, a'i thrydydd gŵr oedd Cynwrig ap Dafydd ab Ithel Fychan o Laneurgain, gw. llau. 61-5. Yr oedd Elin yn chwaer i Huw Lewys, y rhoddwr yn rhif 12 isod, a'r eirchiad yn rhif 14 isod. Dylid cymharu'r cywydd hwn â chywydd Guto'r Glyn i ofyn ffaling gan Elen, gwraig Gruffudd ap Llywelyn o'r Llannerch, *GGGl*, LXXVIII.

Lewys Glyn Cothi: pencerdd a oedd yn ei flodau rhwng *c.*1445 a 1489. Wrth gyfeirio at gywydd gofyn cleddyf gan y bardd, mae E. D. Jones yn awgrymu mai dial ar wŷr Caer am yr anfadwaith a wnaethant yn gweithredu'r deddfau penyd a osodwyd ar y Cymry a'u gwaharddai rhag ymsefydlu yn y bwrdeistrefi y dymunai'r bardd ei wneud â'r cleddyf, gw. *LGC(Detholiad)*, t. ix. Cwyna'r bardd am anfoesgarwch gwŷr Caer hefyd yn yr awdl a ganodd i geisio llen gan Annes, gwraig maer Caerlleon; dywed fod ar y llen honno frodwaith o luniau gwahanol, gw. *GLGC*, 119. Gan fod E. D. Jones yn amheus o awduraeth yr awdl ddychan i wŷr Caer a briodolir i Lewys, awdl a ganwyd i Reinallt ap Gruffudd ap Bleddyn o'r Twr (*GLGC*, 215), ni ellir bod yn siŵr o dan ba amodau yn union yr ysbeiliwyd ei dŷ. Nid hwyrach, fel y noda E. D. Jones, fod y deddfau penyd wedi eu hadfer neu eu hailgyflwyno yng nghyfnod Lewys, gw. *A Guide to Welsh Literature, volume 2* (Llandybïe, 1979), 254-5. Teg nodi fod ganddo gywydd i ofyn gwely a dillad i'w rhoi arno a ganwyd i bedair gwraig (gw. *GLGC*, 186), er na chyfeirir at anfadwaith gwŷr Caer yn hwnnw.

Ar odre t. 127a yn Llsgr. BL Add 20 ceir y nodyn canlynol: '. . . this was the time chester was lost to ye English. I've read somewhere that He (LGC) married a widdow in Chester and that they seized upon his Goods.' Ceir yr un nodyn yn Llsgr. BL Add 14963, 130a, ac fe'i priodolir yno i Lewis Morris.

1. **Angharad Law Arian:** yn chwedl *Peredur Fab Efrawg* cyfeirir at Angharad Law Eurawg, gw. *HPE*, 35. 26. Nac anghofier ychwaith am yr Angharad y canodd Dafydd ap Gwilym iddi, sef gwraig Ieuan Llwyd o Enau'r Glyn, gw. *GDG³*, tt. xxxviii-xxxix. Honnai Dafydd fod perthynas agos rhyngddo a hi, er nad yw'n rhoi iddi'r epithet 'Law Arian'. Cymh. 'air Angharad Law Arian' yng nghywydd Lewys Glyn Cothi i ddiolch i Angharad ferch Ieuan o Gefn-llys am len, gw. *GLGC*, 172. 26.

9-11: Ar ochr ei mam, Mali, hanai Elin o deulu enwog Ynyr o Nannau ym Meirionnydd. Ei thaid oedd Meurig (Llwyd).

13. **Saint Catrin:** ffurf unigol yw *saint* yma. Cymh. *GLM*, XXXIX. 49.

18. **Elen Luddawg:** cyfeiriad at Elen Luyddog yn chwedl *Breuddwyd Maxen.* Cymeriad mytholegol oedd Elen a gysylltid â ffyrdd Rhufeinig, gw. *TYP*, 341-3.

19. **Bendith Dderfel:** Derfel Gadarn, nawddsant eglwys Llandderfel, ger y Bala, gw. *LBS*, ii. 333; *TWS*, 206-9.

21. **o Lwydiarth:** yng nghantref Twrcelyn; dyma gartref ei hail ŵr, Gwilym ap Dafydd. Tebyg mai yno y trigai hi a'i thrydydd gŵr.

22. **Aber-arth:** Llanddewi Aber-arth yng Ngheredigion. Ergyd y cyfeiriad yw fod clod Elin wedi cerdded ymhell.

23. **eglwys Garmon:** Sant Garmon, a anwyd yn Auxerre tua'r flwyddyn 380 O.C.; am ei hanes, gw. *LBS*, iii. 52-60.

28. **Gaer Lleon Gawr:** Lleon fab Brutus Tarian Las oedd sefydlydd honedig Caerlleon, gw. *BD*, 25.

30. **gwely:** ystyrid bod gwely'n un o feddiannau mwyaf gwerthfawr gŵr bonheddig, gw. N. Denholm-Young, *The Country Gentry in the Fourteenth Century* (Oxford, 1969), 38: 'From that time (canol y 14eg ganrif) until Shakespeare bequeathed his second-best bed by will, a good bed was one of the marks of a gentleman, and after his horses and armour (if any) one of his most valued possessions.'

49-50: Cymh. â geiriau Dafydd Nanmor yn ei awdl i Syr Dafydd ap Tomas o'r Faenor: 'A gwely oedd danaf, amgeledd dynion,/Vâi'n abl i ddug o vanblu ddigon./A llun wybr o waith y llennau brithion/Ar ucha 'ngwely, val airchangylion.', gw. *PWDN*, XIX. 53-6.

51. *n* wreiddgoll.

55-8: Yr oedd Mahallt yn perthyn i Elin ar ochr ei mam; gwraig oedd hi i Ruffudd ap Siancyn o Lwydiarth, Llanfihangel-yng-Ngwynfa, noddwr y canodd Gwilym ab Ieuan Hen gywydd i'w lys, gw. *GDIDGIH*, XIX. Mae'n bosibl mai ef oedd y Gwilym a dderbyniodd wely am gerdd. Er chwilio *MFGLl*, ni chanfuwyd cyfeiriad at y gerdd honno.

62. *r* wreiddgoll.

(4)

Catrin ferch Maredudd ab Ieuan ap Maredudd o Abertanad: gwraig Dafydd Llwyd ap Gruffudd. Ceir ei hach yn *WG(2)*, v. 845, ac ach ei gŵr yn *Dwnn*, i. 290. Canodd Guto farwnad i Ddafydd Llwyd, a fu farw o haint y nodau, lle y dywedir bod Catrin wedi marw ychydig cyn ei gŵr, gw. *GGGl*, LXXXVIII. 51-6; gw. hefyd farwnad Hywel Cilan i Ddafydd Llwyd, lle y dywedir bod Catrin wedi marw tua'r un pryd ag ef, *GHC*, V. 45-54. Yr oedd Catrin yn chwaer i Siôn ap Maredudd, y rhoddwr yn rhif 8 isod.

Guto'r Glyn: un o Gywyddwyr mawr y bymthegfed ganrif — onid y mwyaf oll — a oedd yn ei flodau rhwng *c.*1435 a *c.*1493. Ceir ysgrif arno yn *BC*, 303, ac yn *CLC*, 239. Dylid cymharu'r cywydd hwn â'r cywydd a ganodd Guto i ddiolch am bwrs a gawsai'n rhodd gan Risiart Cyffin, Deon Bangor, gw. *GGGl*, XCIV.

3-4: At y cywydd 'Diolch am Fenig' y cyfeirir, gw. *GDG³*, 9.

6.   **Mawd:** Y tebyg yw mai at Fawd, ail wraig Rhydderch ab Ieuan Llwyd o Lyn Aeron, gŵr y bu Iolo Goch yn canu iddo, y cyfeirir. Gw. y nodyn yn *GIG*, t. 261.

7.   **Pwrs:** yn ei gywydd dychan i Guto'r Glyn mae Llywelyn ap Gutun yn gresynu na fuasai modd iddo ef gael pwrs y bardd wrth ofni fod Guto wedi boddi: 'Och fi, oi drochi drichwrs,/Na bawn ynglŷn yn ei bwrs', *GGGl*, XXXVII, 11-12.

9.   **Amner:** pwrs, cod. Cymh. *GGGl*, XXXV, 43-4: 'Llawn fu amner pob clerwr/A lledr gwag oll wedi'r gŵr.'

18. **Gwenddydd:** chwaer Myrddin yn y chwedl; gw. 'Cyfoesi Myrddin a Gwenddydd', y gerdd hir ar ffurf ymddiddan a gadwyd yn Llyfr Coch Hergest, gw. *RBH*, col. 577-83.

23. **Paris wead:** ai o ddeunydd gwerthfawr a fewnforiwyd y gwnaed neu yr addurnwyd y pwrs? Cymh. y fantell a geisiai'r bardd gan Elen o'r Llannerch, mantell a ddaethai o Iwerddon, *GGGl*, LXXVIII. 35-6.

31. **llaw Werful:** Gwerful ferch Madog, mam yng nghyfraith Catrin a mam Dafydd Llwyd. Gw. y farwnad a ganodd Guto iddi, *GGGl*, LXVIII.

39. At Hywel a Meurig Llwyd o Nannau y cyfeirir, dau noddwr enwog a oedd yn neiaint i Lywelyn Goch Amheurig Hen, gw. 'Cywydd i'r Eira', *BBBGDd*, 60. Yr oedd Hywel ap Meurig yn hendaid i Gatrin. Mae'n debygol mai at Foel Offrwm y cyfeiria 'Craig Nannau'. Dywed Gruffudd Llwyd yn ei farwnad i Hywel ap Meurig fod ei lys 'ar odre craig', gw. Dafydd Johnston, 'Cywydd Marwnad Gruffudd Llwyd i Hywel ap Meurig o Nannau', *YB*, xvi, t. 67. ll. 12.

40. **Carreg Hofa:** ger Llanymynech, ryw chwe milltir i'r de o Groesoswallt. Mae *Carreg Hwfa* yn amrywiad dilys ar yr enw hefyd.

42. **na chymar Rhydderch:** tebyg mai cyfeiriad sydd yma eto at Fawd, ail wraig Rhydderch ab Ieuan Llwyd o Lyn Aeron, gw. y nodyn ar linell 6 uchod. Cofier hefyd am Nudd a Mordaf a ystyrid, ynghyd â Rhydderch, yn Dri Hael Ynys Prydain, gw. rhif 5. 19n. isod.

46. **cydymaith:** geill fod yn gyfeiriad at naill ai cerddor, gwas, datgeiniad, neu at gyd-fardd a fwriai'r Nadolig ar aelwyd Catrin a Dafydd Llwyd.

50. **anrheg Iolo:** naill ai cyfeiriad at ryw anrheg o bwrs neu god a dderbyniodd Iolo Goch, neu, efallai, mai Iolo oedd enw cydymaith y bardd.

57. **grotiau mân:** llu. *grôt*, sef darn o arian bath 'cyfwerth gynt â phedair ceiniog a fethid yn y cyfnod rhwng 1351 a 1663', *GPC*, 1535.

62. **perth Foesen:** ergyd y gymhariaeth yw fod y pwrs mor ddisglair ei ymddangosiad â'r berth yn llosgi a welodd Moses, gw. Ecs. iii. 2.

64. **dyfr . . . deufrwyd:** cyfeirio a wneir at y brodwaith ar y pwrs a ymddangosai'n dryloyw fel dŵr. Ni threiglir *dyfr*, sef gwrthrych *a droes* yma: dyma enghraifft o gadw cysefin y gwrthrych ar ôl 3 un. gorff. y ferf, gw. *TC*, 192.

71. **ŵyr Anna:** sef Crist. Yn ôl yr Apocryffa yr oedd y Forwyn Fair yn ferch i Anna a Joachim.

(5)

Trahaearn ab Ieuan ap Meurig o Benrhos Fwrdios yng Ngwent: ceir ei ach yn *WG(2)*, ix. 1548.

Dafydd ab Ieuan ab Iorwerth: abad abaty Llanegwestl, nid nepell o Langollen yng nghwmwd Iâl, a fu farw yn 1503. Ceir ysgrif fer arno yn *BC*, 88. Yr oedd yn noddwr i Guto'r Glyn a Gutun Owain, gw. *OPGO*, XXIV; XXXI; LXIII. Cafodd Guto'r Glyn yn ei hen ddyddiau loches gan yr abad, ac iddo ef y canodd y cywydd 'cysur henaint', *GGGl*, CXIV. Canodd Guto hefyd gywydd i ddiolch am fwcled gan Ddafydd ab Ieuan, *ibid.*, CXV. Cyfansoddwyd y cywydd gofyn am lyfr y Greal cyn i Ddafydd ab Ieuan gael ei ddyrchafu'n esgob Llanelwy yn 1500.

Guto'r Glyn: gw. 4n.

5. **ail gŵr:** ar yr arfer o beidio â threiglo ar ôl y trefnol, gw. *TC*, 66.

6. **Adam:** priododd Hywel Gam, hendaid Trahaearn, â Joan ferch Adam o Borthgogof; 'o'r tri Adam' yw darlleniad *GGGl*, CXVIII, ond un Adam yn unig sydd yn yr ach.
   r wreiddgoll.

10. 8 sillaf.

11. Twyll gynghanedd.

14. **Dwywent:** Is Coed ac Uwch Coed.

15. **Gwyn Llŵg:** cantref yn yr hen Forgannwg rhwng afonydd Rhymni a Wysg. Rhennir yr enw cyfansawdd at bwrpas y gynghanedd; daw'r orffwysfa ar ôl elfen gyntaf yr enw, cymh. *GLGC*, 35. 24, a 26. 38n. isod.

17-9. **Arthur . . . Caerllion:** Yn ôl *Brut y Brenhinedd*, yng Nghaerllion ar Wysg y cadwai'r brenin Arthur ei lys. Yn ôl y Trioedd, yr oedd Arthur hefyd yn enwog am ei haelioni, gw. *TYP*, 5.

19. **Nudd:** Nudd Hael, un o Dri Hael Ynys Prydain, gw. *TYP*, 476-7.

29-30: Yr oedd Trahaearn yn un o'r Iorciaid a elwodd ar yr ailddosbarthu a fu ar diroedd a gipiwyd oddi ar y Lancastriaid. Rhannwyd tiroedd Thomas Cornwall yng Ngwlad yr Haf rhwng Siôn ap Siencyn a Thrahaearn, gw. H. T. Evans, *Wales and the Wars of the Roses*, 147-8. Yr oedd Trahaearn ar gomisiwn gyda'r Herbertiaid ym Mehefin 1463, gw. *ibid.*, 148. trn. 1.

46. **Y Greal:** sef y fersiwn Cymraeg o'r rhamant Ffrangeg o'r drydedd ganrif ar ddeg, *La Queste del Saint Graal*. Ceir copi o'r Greal yn Llsgr. Mos 148, 197v, ynghyd â chofnod yn dweud mai Phylip Dafydd a'i copïodd o gopi ei ewythr, Trahaearn ab Ieuan, ac awgryma Ceridwen Ll. Morgan mai'r copi a oedd ym meddiant Trahaearn yw'r copi sydd yn Llsgr. Pen 11, gw. *B*, xxviii (1978), 81.

52. **Llin Hors:** sef y Saeson. *Awdur Historia Brittonum* a grybwyllodd gyntaf y traddodiad am Hors a Hengist yn cael caniatâd gan Wrtheyrn i ymsefydlu ym Mhrydain. Digwydd yr enwau yn y gerdd *Armes Prydain* (gw. Ifor Williams, *AP*, t. 2. ll. 32), ond mae'n debyg mai trwy waith Sieffre o Fynwy, *Historia Regum Britanniae*, y daeth y traddodiad yn wybyddus i Gywyddwyr y bymthegfed ganrif, gw. Brynley F. Roberts, *Cof Cenedl*, VI (Llandysul, 1991), 20-5.

54. **Ifor:** gw. 2. 20n. uchod.

59-60: Mae'n ymddangos fod copïau o'r *Seint Greal* yn brin ac yn werthfawr, oherwydd pwysleisir yma mai cais i fenthyg y llyfr dros dro ydyw.

62. Awgryma'r llinell olaf fod Guto'n hen ŵr pan ganodd y cywydd hwn. Mae hynny'n gyson â'r hyn a ddywed amdano'i hun yn ddall yn *GGGl*, CXIV, ac yn y darn rhyddiaith a ragflaena'r englyn yn *ibid.*, XXI, sydd yn dweud fod yr Abad Dafydd wedi rhoi lloches i'r bardd pan aethai'n hen a musgrell.

Ifan (Ieuan) ap Tudur ap Gruffudd o Lanefydd: ceir ei ach yn *WG(2)*, viii. 1337. Yn ôl y cyfeiriadau yn y cywydd hwn ac yn y cywydd diolch, yr oedd yn gyfreithiwr. Canodd Siancyn ab Einion farwnad iddo, gw. Llsgr. LlGC, 6495, 95b, a Thudur Aled hefyd, gw. *GTA*, XCIII. Yn wahanol i'r hyn a ddywedir yn *ibid.*, t. 678, nid ei blant ef a enwir ym marwnad Tudur Aled iddo eithr ei wyrion, plant Tudur, ei fab.

Maredudd ap Rhys: yr oedd yn offeiriad Rhiwabon ac yn rheithor y Trallwng a Meifod. Rhoir ef yn ei flodau rhwng c.1440 a 1483. Arno gw. *BC, 1059-60,* ac Enid Roberts, *Y Beirdd a'u Noddwyr ym Maelor* (Wrecsam, 1977), 5-9. Ef oedd athro barddol Dafydd ab Edmwnd.

16. **Dafydd Esgob:** bu dau Ddafydd yn esgobion Llanelwy yn niwedd y bymthegfed ganrif, sef Dafydd ab Ieuan, a gysegrwyd yn 1500 (yr eirchiad yn rhif 5 uchod) a Dafydd ab Owain, a gysegrwyd yn 1503. Mae dyddiadau cysegru'r naill a'r llall yn rhy ddiweddar i fedru hawlio'r teitl gan Faredudd ap Rhys. Bu Dafydd ap Bleddyn yn esgob Llanelwy yn y bedwaredd ganrif ar ddeg (cysegrwyd yn 1314 a bu farw yn 1346), ac nid yw'n annichon, felly, mai ato ef y cyfeirir. Canodd Iolo Goch awdl foliant iddo, gw. *GIG*, XVIII.

17. **Myrddin:** bardd a phroffwyd tybiedig y cysylltir ei enw â nifer o gerddi yn Llyfr Du Caerfyrddin. Cymh. geiriau Siancyn ab Einion am Ifan ap Tudur yn ei farwnad iddo: 'llai /n/ yn mysc mowrddysc merddin'.

18. **y ddwy gyfraith:** y gyfraith eglwysig a'r gyfraith sifil.

26. **Ifor:** gw. 2. 20n. uchod.

33. **Alun:** afon a red i Afon Dyfrdwy.

43. Bai crych a llyfn.

67. Diben y rhwyd oedd dal digon o bysgod ar gyfer y Gwenerau a'r Grawys, cyfnodau di-gig yn ystod yr Oesoedd Canol. Cymh. cywydd Ieuan Fychan o'r Pengwern i ofyn cwrwgl: 'am gwrwgl i ymguraw/am y pysc drud cyn y pasc draw', gw. Ifor Williams (gol.), *Gwyneddon 3* (Caerdydd, 1931), t. 202, llau. 27-8. Canodd Maredudd ap Rhys gywydd i ateb y cywydd hwnnw ar ran Siôn Eutun, gw. *ibid.*, tt. 204-6.

(7)

Ifan ap Tudur ap Gruffudd: gw. 6n.

Maredudd ap Rhys: gw. 6n.

9.   **catgoriau:** 'un o'r pedwar cyfnod yn y pedwar tymor a neilltuir i ympryd a gweddi, sef dyddiau Mercher, Gwener a Sadwrn ar ôl y Sul cyntaf o'r Grawys, ar ôl y Sulgwyn, ar ôl y 14 o Fedi ac ar ôl y 13 o Ragfyr', gw. *GPC*, 440.

30.   **Gwalchmai:** Gwalchmai ap Gwyar, un o farchogion Arthur, gw. *TYP*, 369.

43-4:   Cyfeiriad at y chwedl am Fadog ab Owain Gwynedd yn hwylio'r moroedd, cymh. *GDIDGIH*, 5. 35-6n.

45.   *n* wreiddgoll.

51.   **Pedr:** Simon Pedr, gw. Luc v. 1-11.

(8)

Siôn ap Maredudd ab Ieuan o Ystumcegid yn Eifionydd: Ceir ei ach yn *WG(2)*, v. 845. Mewn dau bennawd i'r cywydd hwn yn unig y dywedir mai dros Ddafydd ap Siancyn y gofynnid am y wisg arfau, sef yn Llsgr. Brog 5, 417 a Llsgr. LlGC 727, 40. Nid enwir yr eirchiad yng nghorff y cywydd; yr unig beth a ddywedir yw ei fod yn nai i Siôn ap Maredudd, gw. llau. 33-4. Canfûm fod Dafydd ap Siancyn ap Dafydd ab y Crach yn perthyn o bell i Siôn, gan eu bod yn rhannu'r un hendaid, sef Hywel ap Meurig o Nannau, gw. ll. 16; ceir ach Dafydd ap Siancyn yn *WG(1)*, iv. 691. Yr oedd Lleucu, nain Siôn, yn chwaer i Forfudd, nain Dafydd ap Siancyn, ar ochr ei fam. Yn llac yr arferir y term *nai* yn ll. 34. Priodolir un ar ddeg o gerddi i Ddafydd ap Siancyn yn *MFGLl*, 318, sef naw englyn a dau gywydd. Os Dafydd ap Siancyn o Nanconwy oedd yr eirchiad mewn gwirionedd, cyfyd hyn y cwestiwn paham na fuasai wedi canu cywydd i'w gâr i erchi'r bais ddur o'i ben a'i bastwn ei hun, yn hytrach na gofyn i Robin Ddu wneud hynny ar ei ran? Fe'm temtir i awgrymu tybed ai oherwydd ei fod ar herw y gwnaethai hynny? Gw. y cywydd a ganodd Tudur Penllyn iddo pan oedd yn ymguddio yng Ngharreg-y-gwalch, *GTPITP*, 1.

Robin Ddu ap Siencyn Bledrydd: bardd a daroganwr o Fôn a oedd yn ei flodau yn ail hanner y bymthegfed ganrif, gw. *BC*, 832; *CLC*, 512. Y mae'n fwyaf adnabyddus am ei gywyddau brud.

4.   **Sain Siôr:** nawddsant Lloegr.

9. **Ifan:** Ieuan ap Maredudd, taid Siôn, perchen Cefn-y-fan a'r Gesailgyfarch. Lladdwyd ef yn amddiffyn castell Caernarfon yn erbyn lluoedd Owain Glyndŵr yn 1403, gw. J. Beverley Smith (gol.), *Medieval Welsh Society: Selected Essays by T. Jones Pierce* (Caerdydd, 1972), 233. Etifeddodd Siôn diroedd ei daid oddeutu 1463, gw. *ibid.*, 234.

11. **Ffrolo:** tywysog neu bennaeth Ffrengig yr honnir i Arthur ei ladd, gw. *TYP*, t. lxxxiii. Cymh. *GLGC*, 73. 54, lle y'i gelwir yn 'Ffrolo Ffranc'.

25. **saith o'r doethion:** Saith Doethion Rhufain; mae'r fersiwn Cymraeg cynharaf o'r chwedl am y saith yn perthyn i ganol y bedwaredd ganrif ar ddeg, gw. Henry Lewis (gol.), *Chwedleu Seith Doethon Rufein* (Caerdydd, 1958).

27-8: Cododd Maredudd ab Ieuan gartref newydd yn Ystumcegid wedi i Gefn-y-fan gael ei ddinistrio gan luoedd Glyndŵr. Canodd naill ai Llywelyn ab y Moel neu ei dad, Moel y Pantri, gywydd mawl i Faredudd rywbryd rhwng 1414 a 1421, gan gyfeirio at y llys newydd, gw. *IGE⁴*, LXVII.

28. **ysbyty Ieuan:** cyfeiriad at sefydliad Ysbytywyr Urdd Sant Ioan ar dir Dolgynwal a gynigiai lety a lloches i fforddolion yn ogystal â herwyr, gw. William Rees, *A History of the Order of St John of Jerusalem* (Caerdydd, 1947), 63-72. Geill fod yma gyfeiriad hefyd at hen lys Ieuan ap Maredudd yng Nghefn-y-fan.

29. **Hu Gadarn:** arwr chwedlonol. Ymerawdwr Caergystennin ydoedd yn chwedlau Siarlymaen, cymh. 11. 11n. isod.

44. **Toniar:** geill olygu (i) *ton ar y môr*, neu, (ii) *astell* neu *ystyllen*. Hyd y gwelaf, mae'r ddwy ystyr yn bosibl yn drosiadol am arfwisg ddur. **Anna:** mam Fair Forwyn. Trosiad am y nen neu'r awyr yw tŷ Anna.

45. **Trystan:** Trystan ap Tallwch, gw. *TYP*, 329-33. Mae Guto'r Glyn mewn cywydd i erchi pais o faelys yn cyfeirio at '[d]dillad Trystan', *GGGl*, LXXII. 48.

47. **ar ryw fan:** < *ban*, sef pennill, cân neu linell o farddoniaeth.

50. **asau Addaf:** gw. Gen. ii. 20.

51-2. Ai cyfeiriad sydd yma at y tŷ gwydr a luniodd Myrddin? Gw. *TYP*, 474.

57. **Powls:** eglwys Sant Pawl (St. Paul's) yn Llundain.

58. **Gai o Warwig:** arwr cerdd Saesneg boblogaidd o'r bedwaredd ganrif ar ddeg. Cyfeiria'r Cywyddwyr yn aml ato, gw. *GTPITP*, 40. 40n.

65. **Cad Gamlan:** brwydr yr ymladdodd Arthur ynddi, gw. *TYP*, 160-2.

67. **Cadfan:** Sant o'r chweched ganrif, a sefydlydd tybiedig eglwys Tywyn ym Meirionnydd. Ef hefyd oedd nawddsant y rhyfelwyr, a dyna pam y ceir 'casul Gadfan' fel trosiad yma, gw. *LBS*, ii. 5-6; *TWS*, 174-7.

Gwilym ap Rhys ap Hywel o Gastell Madog, Llandyfaelog, Sir Frycheiniog: ef yw'r eirchiad sy'n llefaru. Ar y canu i'r teulu, gw. *NBSBM,* 67-55, er na restrir y cywydd hwn ymhlith y cerddi i'r teulu. Cred Tegwen Llwyd mai cywydd i Rys ap Hywel yw rhif XLVI yn E. Stanton Roberts (gol.), *Peniarth 67* (Caerdydd, 1918). Mae'n ymddangos mai Gwilym ap Rhys ap Hywel a'i frawd, Dafydd, yw gwrthrych y mawl yng nghywydd rhif XXVIII yn *ibid.* Ni lwyddais i ganfod ach Gwilym yn *WG,* felly ni ellir dangos ei union berthynas â'r rhoddwyr, ond gw. ll. 16n. isod. Disgynyddion Elidir o Ddyffryn Tywi yw'r rhoddwyr oll yn y cywydd.

Hywel ap Dafydd ab Ieuan ap Rhys (Hywel Dafi): Brodor o Raglan, a roir yn ei flodau rhwng tua 1450 a 1480, yw awdur y cywydd. Arno gw. *BC,* 380; *CLC,* 354. Mae'n bosibl mai ef oedd yr 'Howel Davy' a enwir ymhlith y rhai a gafodd ras gan y Senedd yn ystod teyrnasiad Edward IV; enwir bardd arall hefyd, sef Hywel Swrdwal, gw. H. T. Evans, *Wales and the Wars of the Roses* (Cambridge, 1915), 156. Os ef ydoedd, mae'n ddigon posibl mai ei berthynas arbennig â theulu'r Herbertiaid yn Rhaglan, ynghyd â'i wasanaeth 'defnyddiol' fel propagandydd, a sicrhaodd iddo ras y Senedd. Yr oedd yn ymwelydd cyson â Brycheiniog, ac ar ei gysylltiadau â'r sir honno, gw. Marged Haycock, *Am y Ffin â'r Gorffennol: Golwg ar Lenyddiaeth Gynnar rhwng Wysg a Thefeidiad* (Llanelwedd, 1993), 14-15.

1-2:   Diddorol yw'r olwg hon ar Ryfeloedd y Rhosynnau yn bwrw eu cysgod ar fywyd gwâr trwy amharu ar drefn amaethu. Tybed ai yn ystod y Rhyfel Cartref yn 1460-63 y canwyd y cywydd hwn? Os Harri Dwnn oedd yr Harri a enwir yn ll. 30, mae'n rhaid fod y cywydd wedi ei ganu cyn 1469, oherwydd fe'i lladdwyd ym Maes Banbri.

8.   *n* wreiddgoll.

12.   *n* wreiddgoll.

16.   **Ceirw 'Lidir:** yr oedd Hywel, taid Gwilym ap Rhys, yn frawd i Ddafydd Gam, a briododd Fargred ferch Gwilym ap Rhys ap Tomas ab Elidir. Hwn oedd yr Elidir yr oedd Gruffudd ap Nicolas, yntau, yn ddisgynnydd ohono.

18.   **Rif Ynys Enllif o saint:** y mae ar glawr gywydd moliant a ganodd Hywel Dafi i'r ugain mil o saint yn Enlli, gw. G. Hartwell Jones, 'Celtic Britain and the Pilgrim Movement', *Y Cymmrodor,* XXIII (1912), 357-59.

21-3.   **Morgan ap Rhys:** o Landeilo Fawr. Canodd Lewys Glyn Cothi iddo, gw. *GLGC,* 34, a hefyd *NBSGaer,* tt. 273-4, er na chyfeirir at y cywydd hwn.

27. *n* wreiddgoll.
25-8. **Rhydderch ap Tomas:** o Dre-gib, plwyf Llandeilo Fawr. Ceir ei ach yn *Dwnn*, i. 212; *WG(2)*, iv. 653. Yr oedd ganddo fab o'r enw Harri.
29. **Siôn:** mae'n bosibl mai at yr un Siôn ag a enwir yn llau. 34-6 y cyfeirir.
30. **Harri:** fe all mai mab i Rydderch ap Tomas ydoedd, neu fab i Ruffudd ap Maredudd (ll.33), a brawd i Siôn Dwnn (llau. 34-6), a laddwyd ym Manbri yn 1469. Lladdwyd cefnder iddo o'r un enw a oedd yn fab i Owain Dwnn ym mrwydr Hedgecote Field yn 1469, gw. *BC*, 163.
33. **Gruffudd ap Maredudd:** ap Harri o Ystradmerthyr yng Nghydweli. Ar y canu i'r teulu, gw. *NBSGaer*, tt. 361-92. Priododd Joan ferch John Scudamore Ieuanc, a bu iddynt bedwar o feibion. Ef oedd dirprwy gwnstabl Caerfyrddin 1431-2. Nid oes llawer o'i hanes ar gael wedi 1446, gw. *PWLMA*, 201-2.
34-6. **Siôn Du:** Siôn Dwnn o Bennallt, mab Gruffudd ap Maredudd a Siwan (Joan); ceir ei ach yn *WG(2)*, vii. 1193. Bu'n ymladd yn Ffrainc gyda'i dad yn ystod teyrnasiad Harri VI. Yr oedd yn gefnogwr i'r Iorciaid ar ôl 1460, gw. *PWLMA*, 187-8. Bu farw yn 1502.
43. **ych Gwilym:** ai Gwilym ap Tomas ap Gwilym o hil Elidir y ceir cywydd mawl iddo gan Hywel Dafi yn *Peniarth 67*, LXXXII?
45-6. **Llywelyn Du:** o Lanyrannell, Abergwili, o bosibl. Canodd Ieuan Deulwyn iddo, gw. *GID*, XLIV. Ar y canu i'r teulu, gw. *NBSGaer*, tt. 261-8, er na chyfeirir at y cywydd hwn.
50. **Warwig:** nid hawdd esbonio'r gyfeiriadaeth. Geill gyfeirio at Gei o Warwig neu at Richard Neville, Iarll Warwig (1428-71), a fu'n foddion i osod Edward IV ar yr orsedd yn 1461. Ond efallai mai at dref Warwig fel canolfan farchnad anifeiliaid y cyfeirir, oherwydd dywed Guto'r Glyn yn y cywydd 'Porthmona' yr arferai ef yrru ŵyn i Warwig, gw. *GGGl*, XXXI. ll. 24.
52. **a'r ceirch ar eu cyrn:** rhwymid codau ac ynddynt geirch wrth y cyrn naill ai ar gyfer hau, neu ar gyfer porthi'r ychen.
53. **tyddyn ton:** ystyr *ton* yw croen, a chroen tir tyddyn, sef fferm fechan, a olygir yn y fan hon. Dyma enghraifft o drawsleoli'r gystrawen enidol. Ar y diffyg treiglad gw. *TC*, 46-7.
57. Yr aradr yw'r *cyrfer*, 'cerfiwr'. Mae Francis G. Payne yn tynnu ar y disgrifiad hwn o aradr yn *Yr Aradr Gymreig* (Caerdydd, 1954), 86, ac yn egluro llawer o'r termau a ddefnyddir yma.
59. **y ddau filwg:** sef y swch a'r cwlltwr.
61. **cyllell gau:** 'swch â soced', gw. *Yr Aradr Gymreig*, 86.

(10)

Dafydd ab Edmwnd: y bardd-uchelwr o Hanmer ym Maelor Saesneg a roir yn ei flodau rhwng tua 1450 a 1497 yw'r eirchiad. Ceir ei ach yn *WG(1)*, iii. 506. Dyma un o'r ffigurau amlycaf yn hanes cerdd dafod yn y bymthegfed ganrif. Ef a fu'n gyfrifol am ad-drefnu'r pedwar mesur ar hugain yn Eisteddfod Caerfyrddin tua chanol y ganrif, ac ef hefyd a enillodd y gadair arian yn yr eisteddfod honno, gw. D. J. Bowen, 'Dafydd ab Edmwnt ac Eisteddfod Caerfyrddin', *Barn*, (Awst 1974), 441-8. Cyfeiriodd ei ddisgybl barddol, Gutun Owain, at oruchafiaeth ei athro yng Nghaerfyrddin yn ei farwnad enwog iddo, gw. *OPGO*, LXII. Yr oedd Dafydd ab Edmwnd yn berchen ar diroedd yn Hanmer, a threuliodd ran o'i oes ym Mhwllgwepra yn Nhegeingl, gw. D. J. Bowen, 'Graddau Barddol Tudur Aled', *LlC*, 18 (1994), 96. Cyhoeddwyd testun o'r cywydd hwn yn *GDE*, LVIII, a dylid cymharu'r cywydd â chywydd arall gan yr un bardd i ofyn daeargi gan ei gâr, Llywelyn Of, gw. Llsgr. LlGC 1246, 85 (yr unig gopi yn ôl *MFGLl*, 200).

Robert ap Dafydd ap Robert o gwmwd Nanheudwy: methodd Thomas Roberts â chael dim o hanes y rhoddwr, gw. *GDE*, t. 164. Dywedir ei fod yn hanu o lin 'gweilch Gwynedd' (ll.30), a'i fod yn 'Baun Trefor'. Ni welais yr un Robert ap Dafydd ap Robert yn ach Treforiaid Bryncunallt yn Nanheudwy. Gelwir ef yn 'dewrgar' yn ll. 25, sef yr union derm a ddefnyddir am Lywelyn Of yn y cywydd gofyn daeargi arall.

14.   **gain:** 3 un. pres. *genni*, cael lle yn, cael ei gynnwys.
29.   **Gwalchmai:** gw. 7. 30n. uchod.

(11)

Hywel ap Rhys o'r Rug, ger Corwen: ceir ei ach yn *WG(1)*, i. 48. Am hanes y teulu, gw. *HPF*, vi. 24-32. Yr oedd yn un o farwniaid Edeirnion, gw. llinell 17n. isod.

Dafydd ab Ieuan ab Einion ap Gruffudd o'r Cryniarth yn Edeirnion: ceir ei ach yn *WG(1)*, iv. 728. Yr oedd yn gwnstabl castell Harlech yn ystod Rhyfeloedd y Rhosynnau, ac yn bleidiwr plaid Lancastr. Amddiffynnodd y castell orau y medrai hyd nes y bu'n rhaid iddo yn y diwedd ildio i'r Iorciaid yn 1468, gw. *BC*, 88.

Gutun Owain: neu Ruffudd ap Huw ab Owain, yw awdur y cywydd, bardd-uchelwr a oedd yn ei flodau rhwng tua 1450 a 1498. Trigai yn Llandudlyst-yn-y-Traean. Yr oedd yn ddisgybl i Ddafydd ab Edmwnd, ac yn gopïydd llawysgrifau diwyd. Tâl nodi fod Saunders Lewis yn y *Braslun o Hanes Llenyddiaeth Gymraeg* (Caerdydd, 1932), 133, yn dyfynnu o'r cywydd hwn ac yn dweud am y bardd: 'Ar gywydd gofyn, ar gywydd merch, ar awdl foliant yn arbennig, gwnaeth firaglau o bertrwydd a miwsig a chyfanrwydd.' Cyhoeddwyd testun o'r cywydd yn *OPGO*, XI.

1.   **'r afael:** *gafael*, 'daliad o dir etifeddol dan y drefn lwythol Gymreig', *GPC*, 1369.

2.   **Mael:** sef cwmwd Dinmael ar ffin yr hen siroedd Dinbych a Meirionnydd sy'n cynnwys plwyfi Llangwm a Betws Gwerful Goch a rhannau o blwyfi Corwen, Cerrigydrudion a Llanfihangel Glyn Myfyr.

11. **Hu o Wynedd:** gw. 8. 29n. uchod.

13-18: Ni chynhwyswyd y llinellau hyn yn *OPGO*, XI. Y maent ar ymyl y ddalen yn Llsgr. Mos 147, 11, ac yng nghorff y copi o'r cywydd yn Llsgr. BL Add 14969, 305.

15. **F'ewythr:** Yr oedd Mali, nain Dafydd ab Ieuan ar ochr ei fam, yn fodryb i Hywel. Ail ewythr iddo oedd Hywel felly.

17. **Barwn:** teitl hynod ystyrlon yn y cyd-destun gan fod Hywel ap Rhys yn un o farwniaid Edeirnion ac felly'n un o ddisgynyddion Owain Brogyntyn, gw. A. D. Carr, 'The Barons of Edeyrnion, 1282-1485', *CCHChSF*, iv (1963-4), 187-93.

22. **Nudd:** gw. rhif 5. 19n. uchod.

24. **Gweilchydd a chynydd a chŵn:** yr oedd helwriaeth yn un o'r pedair camp ar hugain, gw. *IGE*[4], 387. Ar bwysigrwydd hela yn y gymdeithas Gymreig yn yr Oesoedd Canol, gw. *DOC*, 184-94. Am hoffter Hywel ap Rhys o hela, cymh. sylw Tudur Aled yn ei farwnad iddo: 'O ddwy gamp yr oedd y gŵr, — /Yn gun hael ag yn heliwr' (*GTA*, LXXXIV, 61-2.).

32. **Aroglau ar:** dilyn darlleniad *Gorchestion Beirdd Cymru (1773)*, sef 'arogl wiw', a wneir yn *OPGO*, XI, ll. 26. Y tebyg yw mai mewn llsgr. a aeth bellach ar goll y gwelodd Rhys Jones y darlleniad hwn, ond yr anhawster ynglŷn ag ef yw mai gwrywaidd yw cenedl 'arogl', gw. *GPC*, 209.

35. **Annwn:** sef yr arallfyd Celtaidd a oedd wedi'i leoli oddi tan y byd hwn. Gw. y disgrifiad yn chwedl 'Pwyll Pendefig Dyfed' o gŵn Arawn frenin Annwfn yn hela yng Nglyn-cuch, *PKM*, 1-2.

41. **y ganon:** 'rhan o wasanaeth yr offeren yn ymestyn o'r *Te igitur* hyd y Pader neu hyd y diwedd ac sy'n cynnwys y cysegriad', gw. *GPC*, 416. Caiff y cŵn eu darlunio fel offeiriaid yn canu canon yr offeren.

46. **Clych Duran:** clychau eglwys gadeiriol Durham a oedd yn saith o ran nifer, cymh. *GTA*, LXV. 16: 'clych Duram'.

47. **ail Beli:** Beli Mawr fab Mynogan, cymeriad chwedlonol. Honnai sawl teulu bonheddig eu bod yn disgyn o Feli Mawr, gw. *TYP*, 281-3.

(12)

Huw Lewys ap Llywelyn ap Hwlcyn o Brysaeddfed yng nghwmwd Llifon ym Môn: ceir ei ach yn *WG(2)*, vi. 1008. Yr oedd yn frawd i Gatrin, gw. rhif 3 uchod, ac yn noddwr go adnabyddus. Canodd Tudur Penllyn gywydd moliant iddo ef a'i wraig, Sioned Bwlclai, gw. *GTPITP*, 10, a chanodd Guto'r Glyn gywydd mawl iddo ef a'i frodyr, gw. *GGGl*, XIV. Enwir ef ymhlith comisiynwyr y Goron a benodwyd yn 1466 i ymchwilio paham na thalwyd trethi a rhenti yn siroedd Môn a Chaernarfon er Mawrth 1461, gw. *CPR*, 1461-7, 20 Mawrth 1466. Ef yw'r eirchiad yn rhif 14 isod.

Abad Talyllychau yng nghwmwd Caeo: sefydlwyd mynachlog Premonstratensaidd Talyllychau tua 1197 trwy nawdd yr Arglwydd Rhys. Hon yw'r unig gerdd i'r tŷ crefydd hwn sydd wedi goroesi, gw. *CTC*, 503. Gan fod y fynachlog ar lwybr teithiau clera'r beirdd, nid yw'n hawdd credu na chanwyd mwy o gerddi i'r abadau a fu yno, eithr y tebyg ydyw fod y canu wedi'i golli. Nid enwir yr eirchiad yn y cywydd, ond cofnodwyd enw Dafydd, a oedd yn abad yn Nhalyllychau yn 1463, enw Robert a oedd yn abad cyn 1485, ac enw Morgan a oedd yn abad yno erbyn 1488, gw. *ibid.*, 503. Gellir dyfalu, felly, mai un o'r abadau hyn a gomisiynodd y cywydd.

Ieuan Deulwyn: o Gydweli yr hanoedd, ac yr oedd yn ei flodau tua 1460. Arno gw. *BC*, 388; *CLC*, 360; *GID*, tt. v-xii. Canodd y bardd gywydd dros fab Huw Lewys, Siôn Lewys, i erchi mantell, gw. *GID*, XXVI. Canodd gywydd gofyn arall hefyd i geisio ychen dros Rys ap Tomas, gw. *ibid.*, XXV.

9. *n* wreiddgoll.
16. *n* wreiddgoll.
17. Twyll gynghanedd.
34. **osawg:** *gosog* < SC *goshauke*, 'gwalch mawr byr ei adenydd ond nerthol ei hediad . . . math o hebog a ddefnyddid i hela', *GPC*, 1514.
38. *n* wreiddgoll.
41. *n* wreiddgoll.
43. *n* wreiddgoll.
64. *n* wreiddgoll.

Tomas ap Hywel Fychan ab Ieuan o Frycheiniog: nid yw ei ach yn hysbys, ac ni wyddys pwy ydoedd. Yn ôl y cywydd ei hun, hanai o Frycheiniog (ll. 4), ac efallai'i fod yn disgyn o Rys Llwyd ab Adam o Borthgogof (ll. 10).

Ieuan Du'r Bilwg: un o feirdd Tir Iarll ym Morgannwg; fe'i rhoir yn ei flodau tua 1471, a chredir ei fod, o bosibl, yn ddisgybl i Rys Brydydd o Lanharan. Erys tair cerdd o'i eiddo yn y llsgrau., sef y cywydd hwn, cywydd i erchi Llyfr y Greal, a 'chywydd i ymofyn Llywelyn Goch y Dant', un arall o feirdd Morgannwg, gw. D. H. Evans, 'Ieuan Du'r Bilwg (*fl.c.* 1471)', *B*, xxxiii (1986), 101-32. Gellid cymharu'r cywydd â chywydd Hywel Swrdwal i ofyn mantell goch, gw. Eurys Rowlands, 'Un o Gerddi Hywel Swrdwal', *YB*, *VI*, 87-97. Mae'n ymddangos mai gŵn coch ac arno ddeunydd cnotiog, a edrychai fel grawn neu ffrwythau coch, a dderbyniodd Ieuan Du'r Bilwg gan ei noddwr.

Ceir yr hanesyn canlynol wrth odre'r cywydd yn y copi ohono sydd yn Llsgr. LlGC 9048, 67a: 'pan glyw. . is[t]ydyr Alet ddatkany r kywydd hwn a dangos iddo mai jevan dy r billwg ai kanodd ysta vin oedd ar y villwg heb ef dydyr.'

4.   **Trystan:** gw. 8. 45n. uchod.

5.   **Ifor:** sef Ifor Hael, gw. 2. 20n. uchod.

11-12: **Mordaf . . . meibion Nudd:** gw. 5. 19n. uchod.

        Tomas ap Dafydd: ai perthynas i'r rhoddwr? Gw. D. H. Evans, *op. cit.*, 115, a ll. 41n. isod.

20.   **cwrel:** cymh. David Greene, 'A Welsh Lapidary', *Celtica*, 11 (1954), 106: 'kwral sydd yn tyvv yn y mor val y mae llysiav ar y ddayar, a phann ddel allan or mor, koch vydd ac ni bydd hwy no hanner troedfedd. A bonheddic vydd ir neb ai dyko gidac ef . . .'

29-30: **Esyllt . . . Goddail:** cariad Trystan; gw. D. H. Evans, *op. cit.*, 115-16.

30.   **Gwyddel gwyllt:** nid cyfeiriad at ryw Wyddel gwylltach na'i gilydd, ond, yn hytrach, cyfeiriad at Iwerddon fel canolfan y diwydiant gwlân yn yr Oesoedd Canol. Cymh. *GGGl*, LXXVIII. 35-6.

36.   *n* wreiddgoll.

37-8: **hwrdd . . . Croen euraid:** gw. 2. 39n. uchod.

41.   **Gwernan:** enw plasty yn Nhroed-yr-aur yng Ngheredigion yw Gwernan. Canodd Lewys Glyn Cothi i Hywel ap Dafydd o Wernan, gw. *GLGC*, rhifau 83-6. Enwir Gruffudd ap Dafydd ap Tomas ap Dafydd o Wernan fel dirprwy siambrlen Ceredigion rhwng 1433 a 1435, gw. *PWLMA*, 184. Mae'n bosibl mai rhyw gymeriad chwedlonol oedd yr 'iarll' fel yr awgryma D. H. Evans, gw. *op. cit.*, 117.

47-8:	**Edlym . . . Gleddau Tân:** sef Edlym Gleddyf Coch, a ddisgrifir fel gŵr ar gefn march coch ac arfau cochion amdano yn *HPE*, 49-50.

56.	Cymh. yr hyn a ddywed Gruffudd ab Adda am y fedwen yn bawl haf yn destun rhyfeddod yn nhref Llanidloes: 'Pawb o'r ffair, eurair oroen,/A ddengys â bys dy boen', *BBBGDd*, 45. 45-6.

57-8:	Cyfeiriad sydd yma at yr ofergoel ei bod yn anlwcus pwyntio at y lleuad. Credid y byddai gwneud hynny naw gwaith yn golygu nad âi dyn i'r nefoedd, gw. E. and M. A. Radford, *Encyclopaedia of Superstitions* (Edited and Revised by Christina Hole, London, 1980), 237.

(14)

Siôn Moel ap Goronwy ap Hywel Foel: ceir ei ach yn *WG(1)*, i. 141. Enwir 'John Moyle' fel dirprwy gwnstabl castell Biwmares yn 1463, gw. A. D. Carr, *Medieval Anglesey* (Llangefni, 1982), 250. Bu farw yn gynnar yng nghyfnod teyrnasiad Harri VII (1485-1509), gw. E. A. Lewis, *The Mediaeval Boroughs of Snowdonia* (London, 1912), 81. Prynodd dir gan Henbri Hen, a fuasai ar un adeg yn eiddo i Robin ap Llywelyn, ond a gafodd ei fforffedu am fod Robin ap Llywelyn wedi lladd Gruffudd Goch, arglwydd cantref Rhos, gw. *WG(1)*, iv. 678, n.3.

Huw Lewys o Brysaeddfed: arno, gw. y nodyn ar rif 12 uchod. Cymharer y cywydd hwn â'r cywydd a ganodd Huw Cae Llwyd i erchi âb dros Dâm Annes, abades Llanllŷr, lle y ceir yr un math o ddisgrifiad dychanol, gw. *GHCLlE*, XXI.

Robert Leiaf: bardd y priodolir pymtheg o gerddi iddo yn *MFGLl*, 3050-51. Ceir ei ach yn *WG(1)*, iii. 448, lle y dangosir ei fod yn fab i Ieuan ap Gruffudd Leiaf o Nanconwy ac yn frawd i Syr Siôn Leiaf (fl.1480). Dylid cymharu dyfalu difrïol y cywydd hwn â'r dyfalu difrïol ar y dylluan a geir mewn cywydd o'r eiddo'r un bardd yn W. J. Gruffydd (gol.), *Peniarth 76* (Caerdydd, 1927), 74-6.

1.	**Mens:** dyma ddarlleniad y llsgrau. hynaf, a chan fod enghraifft o'r un enw lle, sef tref Mayence neu Mainz ar lannau'r afon Rhein, yn digwydd mewn awdl gan Lewys Glyn Cothi mewn cyd-destun tebyg, penderfynais ei dderbyn: 'Y mae ym mhob man/Morys am arian,/Ei air da o'r Fan erioed i'r Fens', gw. *GLGC*, 65. 26-8. Cynhaliwyd gwledd fawreddog ym Mainz yn 1184, a ddaeth yn dra enwog yn y cyfnod Canol, gw. J. Bumke, *Courtly Culture* (Oxford, 1991), 203-4. Hwyrach mai'r atgof am y wledd honno a gysylltodd y dref â haelioni diarbed. Nid yw'n amhosibl ychwaith dderbyn darlleniad rhai o'r llsgrau., *Mownt*, sef tref Mantes ar lannau afon Seine.

7.   **o faen beril:** carreg werthfawr; gw. David Greene, 'A Welsh Lapidary',
      Celtica, 11 (1954), 106-7: 'Berel y sydd vaen krwnn . . . Y berel a vaka
      kariad rrwng gwr a gwraic, ac a bair anrrydedd ac wrssib ir neb ai dyko
      gidac ef.'

15-16: Dichon mai cyfeiriad at arfbais Cadrod Hardd a'i ddisgynyddion a geir
      yma, oherwydd yr oedd dau flaidd ar gefndir arian arni, gw. M. P.
      Siddons, *DWH*, ii. 57.

19.   **Seirioel:** Seiriol ab Owain Danwyn, nawddsant Penmon, gw. *LBS*, iv.
      177-8; *TWS*, 238-9. Y mae olion eglwys Sant Seiriol ar Ynys Seiriol
      neu Ynys Lannog. Gw. ll. 41 hefyd.

44.   **wyneb Iddew:** dylid ychwanegu'r enghraifft hon at yr enghreifftiau eraill
      o gyfeiriadau gwrth-Iddewig a geir yng ngwaith y Cywyddwyr, rhagfarn
      a seiliwyd ar hanes yr Iddewon yn croeshoelio Crist, gw. Dafydd Huw
      Evans, 'Cywydd i Ddangos mai Uffern yw Llundain', *YB*, XIV, 147-8,
      a'r cyfeiriadau a roir yno.

47.   **Brawd Llyg:** Brawd Llwyd; cymh. 'Ag ysbryd llun gwas Brawd Llwyd'
      yn *GHCLlE*, XXI. 34. Gw. hefyd *GDG³*, 137. 3: 'Ymddiddan y brawd
      llygliw.'

55.   **peg:** Ei ystyr yw 'mesur sych amrywiol ei faint'. Geill olygu yma y llestr
      a ddaliai'r cyfryw fesur, neu efallai begaid o ŷd neu flawd a fwyteid gan
      y mwnci.

57.   **Saethau:** trosiad am goesau'r anifail.

60.   **o Frytaen:** Brytaen Fechan, Llydaw.

(15)

Llywelyn ap Hywel ab Ieuan ap Gronw: bardd-uchelwr o Lantrisant yng
nghwmwd Meisgyn, a oedd yn ei flodau yn ail hanner y bymthegfed ganrif.
Ceir ei ach yn *WG(2)*, iv. 634. 1480 yw'r dyddiad a roir fel cyfnod ei flodeuo
yn *BC*, 566, ond dangosodd Nest Scourfield iddo ddechrau canu mor gynnar
â chanol pumdegau'r ganrif, gw. *GIGE*, t. xxiii. Mae ganddo nifer o gerddi
crefyddol, ac yn eu plith gywydd sy'n sôn am ei bererindod i Rufain rywbryd
rhwng 1455 a 1458, gw. *ibid.*, rhif 12. Fel bardd crefyddol yn llinach Siôn Cent
y mae'n fwyaf adnabyddus, gw. G. J. Williams, *Traddodiad Llenyddol Morgannwg*
(Caerdydd, 1948), 29-31.

Er na ddywedir yn union gan bwy y gofynnid am yr ŵyn, enwir Rhys Goch
(ll. 8) yn ach Gruffudd ap Rhys ap Gruffudd o Lyn-nedd, a oedd, fel awdur
y cywydd, yntau, yn disgyn o Einion ap Collwyn, gw. *WG(2)*, iv. 601. Mae'n
bosibl mai at un neu ragor o ddisgynyddion Rhys Goch yr anfonwyd y cywydd
hwn i'w ddatgan gan ddatgeiniad (gw. ll. 41).

2. **Tiryrabad:** perthynai Tiryrabad i fynachlog Nedd, gw. *ACLW*, 55.

4. **Afan deg:** afon Afan.

5. **i'r ddau Fetws:** yn *Parochialia* Edward Lhuyd cyfeirir at y ddau Fetws, sef Betws Gwyar a Betws Rhys ap Aren yng nghantref y Castellnewydd, gw. *Archaeologia Cambrensis*, Atodiad, Rhan III (1911), 126.

12. **drwy Gelydd Ieuan:** eto yn *Parochialia* Edward Lhuyd, cyfeirir at dŷ o'r enw yn yr un cantref ag yr oedd y ddau Fetws ynddo: 'Kelidd Jevan ysa ye ancient house of Rys ha now Jen ap Lewis ap Jen ap ph' gedrich', gw. *ibid.*, 127. Gw. hefyd Gwynfor O. Pierce, Tomos Roberts a Hywel Wyn Owen, *Ar Draws Gwlad: Ysgrifau ar Enwau Lleoedd* (Llanrwst, 1997), 22.

16. **Tir Nedd:** tir abaty Sistersaidd Nedd o bosibl. Ag urdd y Sistersiaid yn bennaf y cysylltir ffermio defaid ar raddfa sylweddol yng Nghymru'r Oesoedd Canol. Cedwid diadelloedd mawrion yn abatai Sistersaidd de Cymru, gw. F. G. Cowley, *The Monastic Orders in South Wales 1066-1349* (Cardiff, 1977), 83-9.

33. **tir garw:** deallaf *garw* fel ansoddair am dir caregog heb ei drin, ond gwelir bod Nest Scourfield yn awgrymu mai enw lle ydyw, gw. *GIGE*, 22. 33n. Mae Cwm Garw yn ymyl Pontycymer ym Metws Tir Iarll.

43. **Siob:** gw. 2. 13-14n. uchod.

(16)

Gruffudd ap Dafydd ap Maredudd, maer Rhuthun: ceir ei ach yn *WG(2)*, iv. 547. Ym Macheirig, Llanfair Dyffryn Clwyd yr oedd cartref ei deulu. Priododd ei dad, Dafydd ap Maredudd, â Mali ferch Gruffudd Goch ab Ieuan, gw. *WG(2)*, ii. 340. Canodd Tudur Aled gywydd marwnad i Raff Salesbury a oedd yn faer Rhuthun pan fu farw yn 1486, ac mae'n bosibl mai Gruffudd ap Dafydd ap Maredudd a'i holynodd, gw. *GTA*, XCVI.

Tudur Aled: bardd a oedd yn enedigol o gwmwd Iâl, yn ôl pob tebyg, a roir yn ei flodau rhwng tua 1465 a 1525. Arno gw. *CLC, 733,* ac erthygl Cledwyn Fychan, 'Tudur Aled: ailystyried ei gynefin', *CLlGC*, XXIII (1983), 45-74.

1. **y trimaib:** *tri* + *maib*, sef hen ffurf luosog *mab*. Yr oedd Gruffudd ap Dafydd yn un o dri brawd.

3. **gwŷr Troea:** gwŷr Caerdroea a fu'n ymladd â'r Groegiaid. Daeth Brutus, sefydlydd honedig y Brytaniaid, yn arweinydd arnynt.

11. **Llywelyn Chwith:** Llywelyn Chwith ap Gruffudd ap Dafydd Dinllaes yr oedd Gruffudd ap Dafydd ap Maredudd yn orwyr iddo, gw. *WG(1)*, o dan Edwin 7.

22. **merwys:** 'sylwedd neu wrthrych du' yw'r cynnig petrus yn *GPC*, 2438. Gall fod, ynghyd â'r cyfeiriadau eraill at ddüwch, yn gyfeiriad at bryd tywyll y gwrthrych. Gw. hefyd 19.1n. isod.

25. **Galâth:** mab Lawnslot, un o farchogion Arthur, gw. *TYP*, 353.

38. *f* ledlafarog.

64. **Eiddig:** un o gymeriadau stoc y canu serch, sef gŵr y wraig y mae'r bardd yn ei charu. Yn y fan hon trosir y bwa yn ferch a gofleidir ym mraich y bardd (gw. ll. 62), a Gruffudd ap Dafydd fel perchennog y bwa yw'r Eiddig.

(17)

Dafydd ab Owain, abad Aberconwy: dyma, o bosibl, yr enwocaf o'r holl abadau a estynnai eu nawdd i'r beirdd. Yr oedd yn hanu o Feifod ym Mhowys. Ceir ei ach yn *WG(2)*, i. 22. Bu hefyd yn abad yn Ystrad Fflur ac Ystrad Marchell. Rhwng tua 1490 a 1503 y bu'n abad Aberconwy, cyn cael ei benodi'n esgob Llanelwy. Ceir ysgrif arno yn *BC*, 90; gw. hefyd *CTC*, 297-304.

Lewys ap Madog o Sychdyn, Llaneurgain: ceir ei ach yn *WG(2)*, x. 1698.

Tudur Aled: gw. 16n.

4. **Aberconwy:** abaty Sistersaidd y symudwyd ei safle o Gonwy i Faenan yn 1282-3, ond parheid i'w alw wrth yr erw hwn wedi hynny. Ar hanes yr abaty, gw. Rhŷs W. Hays, *The History of the Abbey of Aberconway* (Cardiff, 1963). Ceir manylion am diroedd yr abaty yn *ACLW*, 36-8.

9. Bai lleddf a thalgron.

16. *n* wreiddgoll.

17. **Grwst:** Gwrwst ap Gwaith Hengaer, nawddsant eglwys Llanrwst, gw. *WCD*, 343; *LBS*, iii. 150.

Awstin: Sant Awstin o Hippo (354-430 O.C.), un o'r Tadau Eglwysig.

44. **Ffrawns gwn:** gwn neu ganon Ffrengig. Ar hanes canonau a'u maintioli yn Ffrainc ac ym Mhrydain yn yr Oesoedd Canol diweddar, gw. Jim Bradbury, *The Medieval Siege* (Woodbridge, 1992), 282-95.

(18)

Huw Lewys, cwnstabl castell Harlech: fe'i penodwyd yn gwnstabl y castell 28 Rhagfyr 1505 i olynu Richard Pole, a ddaliai'r swydd yn ystod teyrnasiad Harri VII (1485-1509), gw. E. A. Lewis, *The Mediaeval Boroughs of Snowdonia* (London, 1912), 112. Ceir awgrym o effeithiolrwydd gwŷr Harlech wrth ddelio â throseddwyr a drwgweithredwyr mewn llythyr a anfonwyd gan John Puleston at William Brereton, Uchel Siryf Meirionnydd, yn 1527, yn dweud ei fod wedi dal pedwar a thrigain o ddrwgweithredwyr a dwyn rhai ohonynt i Harlech, gw. Enid Roberts, *CCHChSF*, iv (1964), 310. Yr awgrym yn ll. 50 a ll. 78 yw nad oedd trigolion Harlech yn cael trafferth i wastrodi troseddwyr.

Ar ran bwrdeisiaid tref Cricieth y gofynnir. Nid enwir neb yn benodol. Sefydlwyd y fwrdeistref yn 1284, a hi oedd y lleiaf o drefi Sir Gaernarfon.

Gruffudd ap Dafydd ap Hywel: arno, gw. *BC*, 291. Fe'i rhoir yn ei flodau rhwng 1480 a 1520.

2.   Ai cyfeiriad sydd yma at 'y wledd hir yn Harlech'? Gw. Glyn Jones, 'Y wledd yn Harlech ac yng Ngwales ym Mabinogi *Branwen*', *B*, xxv (1972-4), 380-6.

6.   **Nimbrod Hen:** ef oedd y cyntaf o gedyrn y ddaear yn ôl Gen. x. 8. Cysylltir ei enw ag adeiladu Tŵr Babel, ond nid yw'n ymddangos fod sail i'r chwedl, gw. *GB*, 1020.

8.   Twyll gynghanedd.

       Caer Gollwyn: hen enw tybiedig Harlech.

15-16: Naill ai cyfeiriad at Harri VI neu Harri VII o bosibl, oherwydd bu'r castell yn gadarnle i'r Lancastriaid yn ystod Rhyfeloedd y Rhosynnau, gw. Ralph A. Griffiths, *The Reign of King Henry VI* (London, 1981), 885, a hefyd E. D. Jones, *Beirdd y Bymthegfed Ganrif a'u Cefndir* (Aberystwyth, 1982), 29-31.

24.   **Rôn:** Rouen yn Ffrainc.

30.   *n* ac *r* wreiddgoll.

47.   *n* wreiddgoll.

51.   *n* wreiddgoll.

76.   **gwyrain:** gwair, glaswellt. Am fod gwair llaes yn gwyro, defnyddir y gyffelybiaeth hon am bennau troseddwyr heb ddim i orffwys eu pennau arno.

Rhydderch ap Dafydd ab Ieuan o Fyfyrian ym mhlwyf Llanidan, ym Môn: ceir ei ach yn *WG(2)*, vi. 1042. Fe'i gwnaed yn Uchel Siryf Môn yn 1545 yn ôl *Pedigrees*, 115, a phrofwyd ei ewyllys yn 1560.

Syr Dafydd Trefor (Dafydd ap Hywel ab Ieuan ab Iorwerth): bardd a rheithor Llaneugrad a Llanallgo ym Môn. Arno, gw. *BC*, 95-6; *CLC*, 581. Mae Ieuan ap Madog ap Dafydd yn ei farwnad iddo yn dweud bod tri bardd wedi marw tua'r un pryd, sef Tudur Aled, Lewys Môn a 'Syr Dafydd yn drydydd draw', gw. *GLM*, XCIX, 8. Awgrymir iddo farw tua 1528.

Ar ran un o wasanaethwyr Rhydderch ap Dafydd y gofynnir am farch, sef ei gogydd, Rhys. Hawdd dychmygu'r cywydd ysgafnfryd a difyrrus hwn, a ddychanai Rhys yn ddireidus, yn cael derbyniad hwyliog gan y teulu a'r gwasanaethwyr eraill ym Myfyrian.

1.   **Y du gwrol:** gall y cyfeiriad hwn at ddüwch fod yn gyfeiriad at bryd y gwrthrych, gw. hefyd lau. 4-5 sy'n cyfeirio at liw du fel 'sadliw'. Dylid cofio fod i liwiau arwyddocâd symbolaidd: 'Black, — sable in heraldry — associated with Saturn, was linked with the idea of sorrow and of a ruthless, steadfast will', gw. Robert Delort, *Life in the Middle Ages* (London, 1973), 90. Tebyg mai cadernid di-ildio a gwydnwch cymeriad y gwrthrych a olygir wrth y düwch yn y fan hon.

8.   Twyll gynghanedd.

12. **a'th aer:** Rhisiart ap Rhydderch (bu farw 1576) a'i holynodd. Parhaodd ef i noddi beirdd; canodd Lewys Menai gywydd i ofyn crwth ei gerddor, Dafydd ap Hywel Grugor, a fuasai farw, dros Rolant Maredudd a'i grythor ef, Lewys ab Ifan o Benmon, gw. Llsgr. Llst 123, 496.

13. Ei wraig gyntaf oedd Marsli ferch Wiliam ap Gruffudd ap Robin o Gochwillan.

16. *m* ganolgoll.

17-18: Gwnaed Wiliam ap Gruffudd yn Uchel Siryf Sir Gaernarfon am ei oes (1485-1500), yn ôl *Pedigrees*, 186, wedi iddo ymladd o blaid Harri Tudur ym Mosworth. Mae'n ymddangos ei fod yn dra adnabyddus am ei feirch, oherwydd canodd Dafydd Llwyd o Fathafarn gywydd i ddiolch am farch a gawsai'n rhodd ganddo, gw. *GDLlF*, 51. 48.

29. *m* wreiddgoll, neu gynghanedd sain ag odl wan.

35. Twyll gynghanedd.

38. **ar dabler a dis:** < Saes. *tabler*, 'a backgammon board', *OED*, xvii, 518. Chwaraeid *backgammon* gyda dau ddis. Am ymdriniaeth â chwaraeon bwrdd, gw. Frank Lewis, 'Gwerin Ffristial a Thawlbwrdd,' *TrCy*, (1941), 185-205.

40. Mae twyll gynghanedd yn y llinell hon fel ag y saif. Nid atebir y gytsain 's' ar ddechrau'r llinell. Gellid diwygio drwy ddarllen: 'O feirch siêd i fro eich sir'. Neu, fe all fod yn gynghanedd Draws fantach.

o feirch siêd: < Saes. *escheat*, dyna'r ystyr fwyaf tebygol yma; meirch wedi eu fforffedu neu eu hatafaelu a ddeuai i feddiant arglwydd, gw. *OED*, v. 388. Ond gw. *GST*, 51. 77n. lle yr awgrymir 'sied' am farch esgyrnog.

58. *n* wreiddgoll a chanolgoll.

(20)

Lewys ap Tomas ap Dafydd Goch o Lanbadarn Fawr yng Ngheredigion: ceir ei ach yn *WG(2)*, ix. 1539. Yr oedd Mabli, mam Lewys, yn ferch i Rys ap Dafydd Llwyd ap Dafydd o deulu Gogerddan, a'i ail wraig ef oedd Catrin ferch Rhys ap Dafydd Llwyd ap Dafydd ab Einion, taid yr eirchiad, Mathau Goch. Felly, yr oedd Catrin yn fodryb i Fathau Goch, ond ni nodir yn yr achau ai hi oedd mam Mabli.

Mathau Goch ap Tomas ap Rhys o Neuadd y Drenewydd yng Nghedewain: ceir ei ach yn *WG(2)*, v. 715. Ceir ysgrif ar y teulu yn *BC*, 755. Bu'n siryf Sir Drefaldwyn yn 1548, gw. *Montgomeryshire Collections*, iii (1870), 400-1.

Siôn Ceri: 'alias Sion ab y Bedo ab Dafydd ab Hywel ab Tudur, 1520' meddir ym Mynegai Llsgr. Llst 133. Yn *BC*, 859, cynigir yn betrus y dyddiadau hyn, *fl.* 1500? - 1530?, ond hwyrach fod rhwng 1525 a 1550 fel cyfnod ei flodeuad ychydig yn nes ati, gw. *GSC*, tt. 8-9.

6. *n* wreiddgoll.
11. **Rhys Whith:** hynafiad Lewys, gw. *WG(1)* o dan Rhys Chwith 2. Rhaid seinio'r gytsain 'ch' yn 'wh' er mwyn y gynghanedd.
23. *r* wreiddgoll.
24. Priododd Lewys â Siân ferch William Perrot, Scotsborough, ym Mhenfro. Ni welais yr un Rhys yn ei hach. Sonnir amdani fel pe bai wedi marw yn llau. 27-8. Sylwer hefyd ar orffennol y ferf yn ll. 23.
36. **o'r môr:** geill olygu 'o gyfeiriad y môr', gan gofio fod Llanbadarn i'r gorllewin o'r Drenewydd. Gall hefyd mai cyfeiriad sydd yma at gludo'r meini mewn cwch, er y golygai hynny, yn ymarferol, gryn drafferth gan y byddai gofyn glanio yn aber afon Hafren a'u cludo ar ei hyd, neu eu cludo ar dir. Cymh. *GTA*, CXX, lle y sonnir am gludo meini o Fôn ar long i aber afon Clwyd.
43. *n* wreiddgoll.

47.   **clep:** Teclyn mewn melin a drawai'r hopran nes peri iddi ysgwyd yn ôl ac ymlaen, gw. Iorwerth Peate, 'Traethawd ar Felinyddiaeth', *B*, viii (1935-7), 300.

60.   **Dŵr y cafn:** y dŵr yn y cafnau a drôi'r olwyn, a'r olwyn hithau yn ei thro a drôi'r meini. Yn ôl y traethawd ar felinyddiaeth a ysgrifennwyd yn 1543, un o'r seithbeth cuddiedig ar felin oedd 'Rrewi y kafn bychan', sef un o'r 'kafne bychen sy yn dwyn dwr', gw. Iorwerth Peate, *op. cit.*, 296 a 299.

62.   *n* wreiddgoll.

68.   **o dir Annwn:** gw. 11. 35n. uchod. Cymh. *GTA*, CXX. 65: 'Dôr a gryn hyd gwrr Annwn'.

(21)

Wiliam Herbert ap Rhisiart ap Wiliam: yr Iarll Penfro cyntaf o'r ail greadigaeth; ganwyd yn 1501, bu farw yn 1570. Ceir ei ach yn *WG(2)*, v. 781. Ei dad oedd Rhisiart Herbert o Ewias (bu farw yn 1510), y canodd Iorwerth Fynglwyd gywydd mawl a chywydd marwnad iddo, gw. *GIF*, rhifau 10 ac 11. Mae'n ymddangos i'r haul godi ar Wiliam Herbert ar ôl iddo gael swydd yn llys y brenin Harri VIII; cafodd ei urddo'n farchog yn fuan ar ôl 1543, ac erbyn 1547 yr oedd yn un o ddeuddeg aelod y Cyfrin Gyngor. Ar bwys yr hyn a ddywedir yn llau. 13-19, mae'n bosibl i'r cywydd hwn gael ei ganu ychydig cyn iddo gael ei urddo'n farchog. Ar y canu i'r teulu, gw. *AGBH*, a W. Gwyn Lewis, 'Herbertiaid Rhaglan fel Noddwyr y Beirdd yn y Bymthegfed Ganrif a Dechrau'r Unfed Ganrif ar Bymtheg', *TrCy*, (1986), 33-60. I'r Iarll Wiliam Herbert y cyflwynodd Gruffudd Robert ei *Ddosbarth Byrr ar y rhan gyntaf i ramadeg Cymraeg* (1567).

Lewys Morgannwg: pencerdd ac athro barddol amlycaf ei ddydd; fe'i rhoir yn ei flodau rhwng 1520 a 1565. Disgrifiwyd ef gan G. J. Williams fel 'y pencerdd dysgedicaf' yn nhalaith Morgannwg yn yr unfed ganrif ar bymtheg, gw. *Traddodiad Llenyddol Morgannwg*, 52. Deuai o deulu o feirdd; ei dad, Rhisiart ap Rhys, oedd ei athro barddol, a daeth Lewis ei hun yn athro barddol i Ruffudd Hiraethog, gw. *GGH*, tt. xxv-xxxii. Canodd i aelodau eraill o deulu'r Herbertiaid, gw. *AGBH*, rhifau 51; 61; 70. Dywed G. J. Williams amdano ymhellach mai 'cyfaill yr awdurdodau gwladol' ydoedd (*op. cit., 70*), ac nid oes dim a ddengys gymaint yn ffafr un o wasanaethwyr y brenin yng Nghymru yr ydoedd fel bardd na'r cywydd hwn.

9. **Ewias:** cwmwd a gynhwysai ddyffrynnoedd y Mynydd Du. Gwnaed Wiliam Herbert, yr Iarll Penfro cyntaf, yn stiward arglwyddiaeth Ewias Lacy am oes yn 1460.
Dwywent: gw. 5. 14n. uchod.

13. **Harri:** y brenin Harri VIII.

17. **Urien:** Urien Rheged, pennaeth o'r Hen Ogledd y canai Taliesin iddo.

20. **Marchog Cam:** Syr Dafydd Gam. Yr oedd Gwladus, mam Wiliam Herbert, yr iarll Penfro cyntaf, yn ferch i Syr Dafydd Gam. Buasai ef, felly, yn orhendaid i wrthrych y cywydd hwn. Dafydd Gam oedd cyndad yr Herbertiaid i gyd, gw. *BC*, 93.

21. **Syr Mathias:** Syr Mathew (neu Fathias) Cradock, taid Wiliam Herbert ar ochr ei fam, Margaret. Arno gw. *BC*, 93.

22. **Marchog Glas:** cyfeiriad at hendaid y gwrthrych, sef Syr Wiliam ap Tomas o Raglan, gŵr y Gwladus, a enwir yn ll. 20n. uchod. Gelwid ef 'y Marchog Glas o Went', gw. *GGGl*, XLVIIn.

25. **blant Rhonwen:** y Saeson.

26. **y Wat:** un o frenhinoedd y Saeson, gw. *OPGO*, XXXIX, 12n.
o Fenni: arglwyddiaeth yn cynnwys rhan orllewinol Gwent Uwch Coed. Ond tebyg mai tref y Fenni a olygir yma.

27-8: Lladdwyd Wiliam Herbert yr hynaf a'i frawd, Rhisiart Herbert o Golbrwg, ym mrwydr Banbri yn 1469. Canodd Guto'r Glyn farwnad i Wiliam, gw. *GGGl*, LIII, a chanodd Ieuan Deulwyn farwnad i Risiart, lle y cwynai am yr 'vn brad vym ambri', gw. *GID*, XLVIII, t. 93. Mae anogaeth Lewis Morgannwg yn y fan hon yn cadarnhau geiriau E. D. Jones pan ddywed: 'Parhaodd y beirdd yn hir i gofio Banbri ac i alw am ddial a beio'r rhai a gyfrannodd at achosi'r drychineb', gw. *Beirdd y Bymthegfed Ganrif a'u Cefndir* (Aberystwyth, 1982), 41.

41. *n* wreiddgoll.

42. *n* wreiddgoll.

52. *n* wreiddgoll.

53. *n* wreiddgoll.

58. **I Beredur:** naill ai Peredur fab Efrog, arwr y rhamant o'r un enw, neu, efallai, Peredur Beiswyrdd neu Beiswyn, gw. *WCD*, 539-541.

60. **Gwalchmai:** gw. 7. 30n. uchod.

61. **Galath:** gw. 17. 25n. uchod.

62. *n* wreiddgoll.

64. **o frwydau Groeg:** addurnwaith plethedig. Gw. *OED*, vi. 808: 'Greek braids . . . braid arranged in the pattern of a fret.'
y Ford Gron: Bord Gron y Brenin Arthur, yn ôl yr honiad, a gedwid (ac a gedwir hyd heddiw) yn Neuadd Fawr castell Caer-wynt. Ar gais y brenin Harri VIII, atgyweiriwyd a pheintiwyd y ford, gw. Martin Biddle

a Beatrice Clayre, *Winchester Castle and the Great Hall* (Hampshire, 1983), 40: 'In 1513-17 the table was repaired and it was probably then or a few years later that it was painted for the first time with the famous design it now bears . . .' Tybed a yw 'o frwydau Groeg' yn gyfeiriad at y gwaith a wnaed ar y Ford Gron yng nghyfnod Harri VIII?

69. Cyfeiriad sydd yma at yr haul yn tywyllu adeg croeshoeliad Crist a phan rwygwyd y llen yn y deml, gw. Luc xxiii. 44: 'a thywyllwch a fu ar yr holl ddaear . . .'

71. **erw:** digwydd fel enw ar ran o arfbais. Deallaf ef yma fel enw am ran neu damaid o'r defnydd.

74. Twyll gynghanedd.

77-8. **Padarn . . . Beisrudd:** Padarn fab Tegid a thad Edern, a oedd yn dad i Gunedda Wledig. Yr oedd pais Padarn Beisrudd yn un o Dri Thlws ar Ddeg Ynys Brydain, gw. P. C. Bartrum, *Études Celtiques*, 10 (1963), 469-70: 'Y nawed oedd pais Badarn. Os bonheddic ai gwiscai, kymhesvr fyddai, ac anfonheddic, nid ai hi fyth amdano.'

(22)

Tomas ap Huw ab Ieuan o Lwyntidman, Llanymynech: ceir ei ach yn *WG(2)*, x. 1682. Tŷ'r Cerrig oedd enw cartref y teulu yn ôl *Dwnn*, i. 280, a Phlas Cerrig yn ôl *HPF*, iv. 86.

Tudur ap Sion ap Gruffudd ap Siancyn: tybed ai'r Tudur ap Siôn (Goch) ap Gruffudd ap Siencyn o Lanyblodwel a enwir yn *WG(2)*, vii. 1044, ydoedd? Ni ddywedir wrth ei gyflwyno ei fod yn perthyn i'r rhoddwr, eithr yn y cwpled clo cyfeirir ato fel 'un o'r tylwyth', gw. ll. 87. Methais â chanfod unrhyw gysylltiad teuluol rhyngddo a'r rhoddwr.

Dafydd Glyndyfrdwy: ceir ysgrif arno yn *BC*, 93, lle yr awgrymir efallai mai bardd o Lansanffraid Glyndyfrdwy ydoedd a'i fod yn ei flodau tua 1575. Priodolir chwe cherdd iddo yn *MFGLl*, 379, gan gynnwys tri chywydd gofyn.

18. **Mawd ach Ifan:** nain Tomas ap Huw o lwyth Gruffudd Fongam.

20. **waed Hanmer:** ar ochr ei fam, medrai olrhain ei dras i deulu'r Hanmeriaid. Merch Dafydd Hanmer oedd hi, gw. *WG(2)*, vi. 949.

21. **Llin Cinast:** priododd Richard Hanmer, hendaid Tomas ap Huw, â Margred ferch Rhosier Cinast o Fortun.

22. Yr oedd llew yn rhan o bais arfau Iarll Tancerville, gw. *DWH*, ii. 176.

23-4: **Iarll Tangrffil:** ar ochr ei fam eto, gallai arddel cysylltiad â Harri Grae, Iarll Tancerville ac un o arglwyddi Powys, gw. *WG(2)*, i. 131. Priododd Syr Roger Cinastwn o Hordle Sir Amwythig ag Elisabeth ferch Harri Grae.

25. **Sierltwn:** priod Harri Grae oedd Joan, aeres Syr Edward Cherleton, arglwydd Powys, a fu farw yn 1421.

26. **A Chlosedr:** Gloucester. Brodyr brenhinoedd Lloegr a ddygai'r teitl Iarll Gloucester gan amlaf, ac yr oedd gan y Cinastiaid gyswllt â'r llinach, gw. *GTA*, t. 687; *GHCEM*, 27. 22n.

34. **Arndel:** Iarll Arundel, o deulu Fitz Alan, a ddaliai arglwyddiaeth Croesoswallt, cymh. *GGGl*, LXIX. 37n.

50. **cae Esyllt:** coron neu dalaith a wisgai Esyllt, cariad Trystan, gw. Ifor Williams, 'Trystan ac Esyllt', *B*, v (1929-31), 115-129.

(23)

Siôn ap Rhisiart ap Gruffudd o'r Gwynfryn, Llanystumdwy: ceir ei ach yn *WG(2)*, v. 812-13.

Syr Huw Brwynog: siaplen Siôn Gruffudd o Gefnamwlch. Canodd Gruffudd Hiraethog gywydd i erchi march drosto gan Siôn Gruffudd, gw. *GGH*, rhif 94. Yr oedd Siôn ap Rhisiart a Siôn Gruffudd o Gefnamwlch (bu farw yn 1585) yn ddau gyfyrder. Nain Siôn Gruffudd oedd Annes ferch Siôn ap Maredudd o Ystumcegid (y rhoddwr yn rhif 8 uchod), ac yr oedd hi yn chwaer i Owen ap Siôn a oedd yn dad i Elisabeth, chwaer yng nghyfraith Alis, mam Siôn ap Rhisiart.

Simwnt Fychan o'r Tŷ Brith, Llanfair Dyffryn Clwyd: urddwyd ef yn bencerdd yng Nghaerwys yn 1567. Ei ddyddiadau oedd *c.*1530-1606. Arno, gw. *CLC*, 667; *BC*, 857. Disgybl ydoedd i Ruffudd Hiraethog, a chadwyd y geirda y dywedir i'w athro ei roi iddo: 'gofalus yw Simwnt Fychan', gw. *GGH*, t. xxxvi, n.4.

6. *n* wreiddgoll.
7. *f* ledlafarog.
10. Twyll gynghanedd.
13. **Nudd:** gw. 5. 19n. uchod.
18. *f* ledlafarog.
23. 6 sillaf.
24. 8 sillaf.

Owain Glyn o deulu Glynllifon, Llandwrog: mab Wiliam Glyn a'i ail wraig, Angharad ferch Elisau o'r Clenennau. Am ei ach, gw. *WG(2)*, ii. 320. Graddiodd yn M.A. yn Rhydychen yn 1576, ac fe'i gwnaed yn Ddoethur yn 1590. Yr oedd yn Ganon Eglwys Gadeiriol Bangor yn 1593, ac yn rheithor Llangadwaladr a Rhoscolyn ym Môn tan ei farw yn 1615, gw. J. E. Griffiths, 'A List of the Clergy of Anglesey', *TCHNM*, (1930), 105. Dengys ll. 14 nad oedd eto'n Ddoethur pan ganwyd y cywydd hwn.

Lewys Menai: bardd o Langeinwen ym Môn a raddiodd yn ddisgybl pencerddaidd yn ail Eisteddfod Caerwys yn 1567. Canai i deuluoedd bonheddig yn siroedd gogledd Cymru rhwng tua 1563 a 1585. Lluniwyd casgliad teipiedig o'r cerddi a briodolir iddo gan J. Dyfrig Davies, 'Gwaith Bedo Hafesb, Huw Cowrnwy, Huw Llŷn a Lewys Menai: Pedwar o Ddisgyblion Pencerddaidd Ail Eisteddfod Caerwys, 1567/8' (Llyfrgell Genedlaethol Cymru, 1966), tt. 149-299. Gw. hefyd *idem.*, 'Graddedigion Ail Eisteddfod Caerwys', *B*, xxiv (1970-2), 38-9.

Cyfansoddwyd y cywydd hwn mewn cyfnod pan roid pwyslais cynyddol ar y gair ysgrifenedig a phrintiedig yng Nghymru. Er bod beirdd yn cofnodi eu cerddi mewn llsgrau. o'r bymthegfed ganrif ymlaen, yn yr unfed ganrif ar bymtheg y cafwyd y cofnodi mawr gyda phwyslais ar lunio math ar *duanaire*, sef casgliad o gerddi. Ystyrier yn arbennig gasgliadau Wiliam Cynwal yn ei law ei hun, gw. Rhiannon Williams, 'Wiliam Cynwal', *LlC*, 8 (1965), 204-5. Cofier hefyd am y modd y cadwai'r noddwr nodedig, Gruffudd Dwnn (*c.*1500-*c.*1570), lyfr ar gyfer ymweliadau'r beirdd, sef Llsgr. Llst 40, ynghyd â llyfr arall, 'kyvaillt y llyfr hwnn', gw. *RWM,* ii. rhan ii, 499-504.

1-3.   **seithwyr doethion . . . o Roeg gynt:** seithwyr doeth Groeg a oedd yn enwog yn y chweched ganrif cyn Crist, cymh. *GGH*, 69. 88n.

2.   8 sillaf.

5.   Bai caled a meddal.

10.   *f* ledlafarog.

12.   **Iemwnt:** Iemwnt Llwyd o Lynllifon, taid Owain Glyn, a fu farw yn 1541. Ceir erthygl ar y teulu yn *BC*, 262, a cheir ymdriniaeth â chanu'r beirdd i'r teulu yn *NBSG*, 61-120; gw. hefyd Iwan Llwyd Williams, *Llwybro â Llafur at Lynllifon* (Cyhoeddiadau Glynllifon, 1990).

13.   **Robert Amhredudd:** tad Iemwnt Llwyd. Bu farw *c.*1509.

16.   **Cilmin:** Cilmin Droed-ddu, sefydlydd teulu Glynllifon.

17. Elin Bwlclai o Fiwmares oedd gwraig gyntaf hen daid Owain Glyn, Robert Amhredudd.

19. **o Gwchwillan:** priododd Iemwnt Llwyd ag Annes, merch Wiliam ap Gruffudd o Gochwillan.

21. **Siôn Amhredudd:** ar ochr ei fam, yr oedd Owain Glyn yn orwyr i Siôn ap Maredudd o'r Clenennau, gw. *Pedigrees*, 218.

22. *f* ledlafarog.

27. **Daniel:** gŵr a oedd yn nodedig am ei ddoethineb, cymh., *GST*, 211. 39n.

    Stanlai iach: ar ochr Elin Bwlclai, yr oedd gan Owain Glyn gysylltiad â theulu Ystanlai.

31-2. **Elis . . . Dotlys:** Aristotlys (384-322 C.C.), yr athronydd Groegaidd, gw. *OCD*, 114-18.

34. **Sisro:** Cicero (106-43 C.C.), yr ysgolhaig a'r llenor clasurol, gw. *OCD*, 234-38.

48. **Plato'r Glyn:** ar ôl yr athronydd Groegaidd Plato (*c.*429-347 C.C.), gw. *OCD*, 839-42.

(25)

Cadwaladr ap Huw ab Owain o Gelynnog, Llanrhaeadr-ym-Mochnant: am ei ach, gw. *WG(2)*, i. 11. Yn 1598, lluniodd y casgliad o arfau ac achau Cymreig sydd yn Llsgr. BL Add. 9867, gw. *DWH*, ii. t. xxxix.

Huw ap Rheinallt a Gwenhwyfar, ei wraig: ni lwyddais i'w lleoli hwy i sicrwydd. Nid oes gyfeiriad atynt yn ach Cadwaladr ap Huw a'i wraig, Siân, ond sylwais yn *WG(2)*, i. 70, fod enw Huw ap Rheinallt yn ach Gartheryr, Llanrhaeadr-ym-Mochnant, er na ddywedir a oedd yn briod ai peidio. Y mae modd olrhain cyswllt teuluol pell rhwng Siân, gwraig Cadwaladr ap Huw, a theulu Gartheryr drwy ei modryb, Mawd, a briododd ag Ieuan ap Dafydd Llwyd, gw. *WG(2)*, i. 73. Dywedir yn ll. 39 bod Gwenhwyfar yn 'gares' i'r rhoddwr. Mae'n amlwg oddi wrth yr hyn a ddywedir yn llau. 43-6 fod y ddau eirchiad yn bâr ar eu gorau, hynny yw, yn bâr newydd briodi. Tybed ai fel anrheg priodas y gofynnid am y cwch gwenyn?

Roger Cyffin: bardd a ganai ar ei fwyd ei hun ac a oedd yn ei flodau rhwng 1567 a 1610. Yn Llsgr. Pen 91, 14, ceir cywydd lle y mae'n canu'n iach i'w gartref: 'kowydd o waith Roger Kyffin i ganv yn iach yw wlad pan oedd ef yn mynd i aros i sir gaerfyrddyn achwedi — gwerthv i dy yngartheryr a'i holl dir'.

Ni cheir enw Roger Cyffin yn ach Cyffiniaid Gartheryr yn *WG(2)*, i. 70, 88. Mae'n werth dyfynnu sylwadau Bob Owen Croesor ar bwy oedd y bardd: 'Nid oes amheuaeth nad oedd yn berthynas agos iawn i Maurice Kyffin, awdur 'Deffynniad Ffydd Eglwys Loegr' 1595; a serch na soniwyd am dano yn Rhagarweiniad gwych William Prichard Williams ymysg cysylltiadau teuluol Maurice Kyffin, rhaid credu ei fod o'r un cyff teuluol', gw. *Baner ac Amserau Cymru*, 21 Mawrth 1933, t. 6.

1594 yw'r dyddiad wrth y copi o'r cywydd a geir yn Llsgr. Pen 93, 205.

9. **Y Fron-goch:** un o dai'r uchelwyr ym Mochnant Uwch Rhaeadr, gw. y map yn Enid Roberts, *Braslun o Hanes Llên Powys* (Dinbych, 1965).

14. **Bleddyn ap Cynfyn:** ar ochr ei fam, perthynai i gyff hen dywysog Powys, gw. *WG(2)*, i. 81.
Bai caled a meddal.

15-16: Yr oedd llew a rhosyn yn ffurfio rhan o arfbais Sandde Hardd, gw. *DWH*, ii. 519.
Sandde Hardd: ar ochr ei nain, Margred ferch Llywelyn ap Gruffudd, perthynai i gyff Sandde Hardd, gw. *WG(2)*, iv. 828.

19. *n* wreiddgoll.

23. Bai trwm ac ysgafn.

25-6: **Siân . . . orwyr F'redudd:** gwraig y rhoddwr. Merch Siôn ap William ap Maredudd, Maesmochnant, gw. *WG(2)*, i. 73.

41. Bai caled a meddal.

46. **Chwannog i gwch o wenyn:** ar bwysigrwydd gwenyn a'u mêl yng Nghymru gynt, gw. *DOC*, 163-5. Canodd Morus Dwyfech (*fl.* 1523-90) gywydd i erchi deuddeg o gychod gwenyn dros un noddwraig, gw. *GBMD*, rhif 23. Canodd Gruffudd Hiraethog, yntau, gywydd i geisio deuddeg cwch gwenyn gan ddeuddeg o wŷr Llansannan dros Lowri ferch Robert, chwaer Dr Elis Prys o Blas Iolyn, gw. D. J. Bowen a Cledwyn Fychan, 'Cywydd Gofyn Gruffudd Hiraethog i Ddeuddeg o wŷr Llansannan', *TrDinb*, 24 (1975), 117-27, a hefyd *GGH*, rhif 98.

53. **cynhedlawg:** *cynhedlog*, naill ai (i) yn perthyn i lwyth neu genedl; bonheddig, urddasol, neu (ii) yn perthyn i ryw arbennig, gw. *GPC*, 463.

62. *n* wreiddgoll.

65-6: Dyma brawf o'r gred mai brenin oedd arweinydd yr haid, hyd yn oed ar ôl i Sbaenwr sefydlu yn 1586 mai brenhines oedd hi, gw. *DOC*, 164.

75. **had Abel:** cysylltir Abel â gwenyn gan fwy nag un bardd, gw. *GGH*, 98. 53n., a *GWLl*, 158. 71n.

(26)

Rhisiart Fychan (Richard Vaughan), Archddiacon Middlesex: ail fab Tomas ap Robert Fychan o Nyffryn ym mhlwyf Llandudwen. Blynyddoedd ei einioes oedd *c.*1543-1620, a chydoesai ag Edmwnd Prys a William Morgan yng ngholeg Ieuan Sant yng Nghaergrawnt. Am ei ach, gw. *WG(2)*, v. 805, 807. Yr oedd yn ŵr tra llengar, oherwydd iddo ef y cyflwynodd Huw Lewys ei *Perl Mewn Adfyd* yn 1595. Fe'i gwnaed yn Archddiacon Middlesex, yn esgobaeth Llundain, yn 1588, ac etholwyd ef yn Esgob Bangor 22 Tachwedd 1595, cyn iddo symud i Gaer yn 1597. Mae'n amlwg, felly, ddarfod i'r cywydd gael ei gyfansoddi rywbryd rhwng 1588 a 1595. (1595 yw'r dyddiad a geir ym mhennawd y cywydd yn Llsgr. Cw 454, 412, a 1596 yn Llsgr. LlGC 16129.) Yn dilyn y cywydd hwn yn Llsgr. LlGC 16129, ceir cywydd arall a ganodd Siôn Phylip i Risiart Fychan, ond y tro hwn dros ei gefnder, Wiliam Dafydd Llwyd o Bennarth, pan oedd Rhisiart Fychan yn esgob Llundain yn 1605. Dyma ddau gywydd a ganwyd i'r Cymro alltud hwn, a diddorol yw ystyried tybed a deithiodd y bardd i Loegr gyda'r cywyddau ynteu ai yn ysgrifenedig yr anfonwyd hwy? Posibilrwydd arall, wrth gwrs, yw fod y cywyddau wedi eu canu pan oedd y gwrthrych ar ymweliad â'i deulu, er bod y dyfyniad canlynol o'r cywydd a ganwyd yn 1605 yn awgrymu'n gryf mai yn Lloegr yr oedd Rhisiart Fychan ar y pryd pan dderbyniodd y cywydd:

> . . . ni alla mwyach
> dry fow Wiliam dryfalio
> or wlad fawr i'w weled fo
> o dduw gwyn fonheddig wedd
> na ddoe vnwaith i wynedd
> i weled yn i wlad iach
> a wnau Llyn yn llawenach
> gwyn i fyd dyna gwyn faith
> vn glan ai gwelan vnwaith
> ewch am anerch om monwes
> ato mae/n/ llwyddo miawn lles.

Robert Madryn: am ei ach, gw. *Pedigrees*, 242. Bu'n Ustus Heddwch o 1594 hyd 1609, ac yn Uchel Siryf Sir Gaernarfon yn 1604-05. Bu farw yn 1609 a chanodd Siôn Phylip farwnad iddo, gw. Llsgr. Llst 123, 133. Yn ôl *Pedigrees*, 242, ei ail wraig oedd Mari ferch Gruffudd Siôn Gruffudd o Gefnamwlch, ac yr oedd ef yn nai i fam yr Esgob Rhisiart Fychan, sef Catrin (gw. 37-8n. isod).

Maredudd ap Tomas Fychan: brawd Rhisiart Fychan ac etifedd ystad Nyffryn, gw. *Pedigrees*, 243.

Gruffudd ap Rhisiart: o Fadrun Isaf ym mhlwyf Llandudwen, a chefnder i'r rhoddwr, gw. *Pedigrees*, 243.

Siôn Phylip: bardd ac amaethwr o Fochras yn Ardudwy, a oedd yn byw rhwng *c.*1543 a 1620. Ef oedd y cyntaf a'r mwyaf cynhyrchiol o Phylipiaid Ardudwy. Graddiodd yn ddisgybl pencerddaidd yn ail Eisteddfod Caerwys yn 1567. Yn ei farwnad iddo, dywed Edmwnd Prys fod Siôn yn ddisgybl i Ruffudd Hiraethog a Wiliam Llŷn. Yn ei dro, fe hyfforddodd Siôn ei frawd, Rhisiart (m.1641), a'i fab, Gruffudd (m.1666), yng nghrefft cerdd dafod, gw. Gwyn Thomas, 'Golwg ar Gyfundrefn y Beirdd yn yr Ail Ganrif ar Bymtheg', yn R. Geraint Gruffydd (gol.), *Bardos* (Caerdydd, 1982), 80. Ceir ysgrif ar y teulu yn *CLC*, 612. Cyhoeddodd R. Geraint Gruffydd nodyn ar y cywydd hwn, gw. 'Cri am lyfrau ar ran eglwys newydd', *Y Casglwr*, 23 (1984), 16-17.

3.   Bai caled a meddal.

20.   *n* wreiddgoll.

37-8:   Deuai Catrin, ail wraig Tomas Fychan a mam Rhisiart Fychan, o Gefnamwlch, gw. *WG(2)*, x. 1662. Yr oedd yn ferch i Gruffudd ap Siôn Gruffudd. Yr oedd teulu Cefnamwlch yn ddisgynyddion i Rys ap Tewdwr. Ar ochr ei fam hefyd, disgynnai Rhisiart o Hwlcyn a Siôn ap Maredudd o Ystumcegid, gw. *Pedigrees*, 169.

38.   **o Gefn-amwlch:** rhennir yr enw cyfansawdd at bwrpas y gynghanedd; daw'r orffwysfa ar ôl yr elfen gyntaf. Cymh. 5. 15n. uchod.

52.   **Eisag Sant:** Isaac fab Abraham a thad Jacob, ac un o dri chynadad yr Hebreaid.

53.   **Aposer:** < Saes. *poser,* 'one who sets testing questions; an examiner', gw. *OED*, xii. 164. Y mae cysylltiadau academaidd a diwinyddol i'r gair, gw. y dyfyniad o Fuller, *Worthies* yn *ibid.*, 164: 'The University . . . appointed Doctor Cranmer . . . to be the Poser-generall of all Candidates in Divinity.'

54.   **Arglwydd Ciper:** Arglwydd Geidwad Sêl y deyrnas. Syr John Puckering oedd yr Arglwydd Geidwad o 28 Mai 1592 hyd 6 Mai 1596.

58.   **Ei Gras:** y Frenhines Elisabeth I.

81-4:   Ym mhennawd y cywydd yn Llsgr. BL Add 14966, 307b, a Llsgr BL Add 31097, 187b, dywedir mai 'ar eu cost eu hunain' yr adeiladodd y triwyr yr eglwys. Yn *An Inventory of the Ancient Monuments in Caernarvonshire,* iii (1964), 41-2, dywedir bod modd gweld ôl yr atgyweirio a wnaed gan y tri bonheddwr ar gorff yr eglwys, a chyfeirir yno at dystiolaeth y cywydd hwn.

87.   *r* wreiddgoll.

99.   **Y Beibl:** *Beibl Cyssegr-lan* William Morgan, 1588.

100. **Llyfr Cymun:** *Lliver gweddi gyffredin* William Salesbury, 1567. Gw. Melville Richards a Glanmor Williams (goln), *Llyfr Gweddi Gyffredin 1567* (Caerdydd, 1953).

102-4: *Acts and monuments* John Foxe a gyhoeddwyd gyntaf yn 1563. Cafwyd ailargraffiad ohono yn 1570.

(27)

Huw ab Edward ap Rolant o Fellteyrn yng nghwmwd Cymydmaen: ceir ei ach yn *Pedigrees,* 269. Ar y canu i'r teulu, gw. *NBLl,* 156-61.

Dafydd Llwyd Gwinau ap Huw o'r Tŷ Mawr, Clynnog Fawr: brawd yng nghyfraith Huw ab Edward. Yr oedd yn briod â Mari ferch Edward ap Rolant, chwaer y rhoddwr, gw. *Pedigrees,* 201.

Syr Huw Roberts Llên: bardd ac offeiriad a gysylltir ag Aberffraw ym Môn ac a aeth i Goleg Eglwys Crist, Rhydychen, lle y graddiodd yn B.A. yn 1578, ac yn M.A. yn 1585. Yr oedd yn ei flodau rhwng *c.*1555 a 1619. Enwir ef ymhlith 'y mydrwyr or Brytanniaid ar a oedd vnwaith an cyfoes ni yn canu ar ei bwyd ei hun (mal i mae y ddihareb) yn fonheddigion ac vchelwyr da', gw. J. Fisher (gol.), *The Cefn Coch MSS.* (Liverpool, 1899), 6-7. Ceir erthygl arno yn *BC,* 812.

11. **dy fam:** ei fam oedd Siân (Jane) ferch Siôn Gruffydd o Gefnamwlch, gw. *Pedigrees,* 169.

48-9. **Nudd:** gw. 5. 19n. uchod.

102. **ar lled:** gw. 2. 38n. uchod.

111. **Cadell:** un o'r cyndeidiau achyddol, Cadell ap Rhodri Mawr (bu farw 910) a thad Hywel Dda, gw. *WCD,* 73.

(28)

Wiliam ap Morys ab Elisau o'r Clenennau ym Mhenmorfa: bu'n Uchel Siryf Sir Gaernarfon yn 1581 ac yn Aelod Seneddol dros y sir yn 1592. Bu farw ar 10 Awst 1622, a phrofwyd ei ewyllys ar 19 Mai 1628, gw. *Pedigrees,* 218. Ar y canu i'r teulu, gw. *NBSG,* 476-557.

Tomas Prys o Blas Iolyn: y bardd a'r anturiaethwr. Ef oedd mab hynaf Elis Prys, y Doctor Coch. Ganwyd ef tua 1564 a bu farw yn 1634. Bu'n filwr yn wythdegau'r unfed ganrif ar bymtheg ac yn llongwr neu'n *privateer,* sef capten ar long breifat, yn nawdegau'r ganrif. Ar hanes y teulu, gw. Enid Roberts, 'Teulu Plas Iolyn', *TrDinb,* 13 (1964), 38-110, ac ar hanes bywyd a gwaith Tomas Prys, gw. William Rowland, *Tomos Prys o Blas Iolyn 1564?-1634* (Caerdydd, 1964). Perthyn y cywydd hwn i'r cyfnod wedi marw ei dad yn 1594, pan ddychwelodd Tomas Prys o'i fordeithiau i hwsmona yng nghartref y teulu, oblegid gofyn a wnâi am gwch bychan i ymblesera ar ddydd o haf er mwyn hel atgofion am ei anturiaethau ar y môr, gw. llau. 43-50. Ceir cywydd arall a ganodd y bardd i ofyn cwch, y tro hwn gan dri bonheddwr, sef Pyrs Gruffydd o'r Penrhyn, Rhisiart Bwlclai o Borth-aml, a Robert Gruffudd o'r Plasnewydd, gw. Llsgr. Mos 112, 254.

4.   **Cei'r bêl:** defnyddir yr ymadrodd 'dwyn y bêl' gan y beirdd yn aml am 'ragori' neu 'fod ar y blaen'.

9.   **Siôn:** Siôn ap Maredudd o Ystumcegid, ei hynafiad.

10.   **Ifor:** gw. 2. 20n. uchod.

11.   **llin Pilstwn:** ei nain, mam ei dad, oedd Elin ferch Syr Siôn Pilstwn o'r Bers.

12.   **iach Glynlliwon:** priododd Angharad, chwaer Morys ab Elisau, â William Glyn o Lynllifon, tad Owain Glyn yn rhif 24 uchod.

13.   **Einion:** Einion o Riwedog, tad Marged wraig Maredudd, a enwir yn ll. 10.

14.   **Stanlai:** priododd Elisau ap Morys â Chatrin ferch Pyrs Stanlai.

21.   **Admiral:** bu'n Is-Lyngesydd dros arfordir gogledd Cymru.

25-6:   Fe'i penodwyd yn Ddirprwy Lifftenant Sir Gaernarfon yn 1587 mewn cyfnod pan ofnid cyrch Sbaenaidd o gyfeiriad Iwerddon.

27.   **dy gost:** geill *cost* olygu darpariaeth neu anrheg, ond diau ei fod yn fwysair yma gan y gall *cost* hefyd fod yn fenthyciad o'r Saes. *coast,* glan y môr, traeth.

27-8:   Bu'n siryf Sir Gaernarfon ddwywaith ac yn siryf Sir Feirionnydd unwaith hefyd.

29-32:   Urddwyd ef yn farchog yn 1603, a chanodd Morys Berwyn iddo ar yr achlysur, gw. Llsgr. Llst 125, 532.

38.   **Gwalchmai:** gw. 7. 30n. uchod.

70.   Twyll gynghanedd.

Tomas Owen: canolbwyntir yn llwyr ar ei ddrwgweithredoedd ysgeler yn Iwerddon, heb gymaint â sôn unwaith am ei ach. Yn ôl pob golwg, yr oedd yn filwr didrugaredd ac yn feistr corn ar y Gwyddyl. Canodd Tomas Prys gywydd gofyn drosto i erchi cesig gan dri gŵr, lle y cyfeirir eto at Iwerddon:

> pann fo angerdd ywerddon
> a chyffro yn treio tirron
> ai yntav yn dda i antvr
> yno i daro a dvr
> pann ddoeth sawd ar sawdwyr
> a lladd ag ymladd fal gwyr
> dymvnai i fod wiwglod air
> yn llawenfab yn llanfair.
> (Llsgr. Mos 112, 366)

Bu llawer o Gymry o ogledd Cymru yn ymladd yn Iwerddon yn negawd olaf yr unfed ganrif ar bymtheg, gw. J. J. N. McGurk, 'A Survey of the Demands Made on the Welsh Shires to Supply Soldiers for the Irish War 1594-1602', *TrCy*, (1983), 56-68. Yn wir, bu Tomas Prys ei hun yn ymladd yn Iwerddon yn ystod gwrthryfel Hugh O'Neill, gw. William Rowland, *Tomas Prys o Blas Iolyn 1564?-1634* (Caerdydd, 1964), 26.

Robert Salbri: yr oedd o leiaf bedwar Robert Salbri yn byw yng ngogledd Cymru yn chwarter olaf yr unfed ganrif ar bymtheg, sef (i) mab Pyrs Salbri o'r Rug a Bachymbyd, (ii) mab Siôn Salbri o'r Rug a Bachymbyd, a fu'n gapten yn y rhyfeloedd yn Iwerddon ac a urddwyd yn farchog yn 1593, (iii) mab Syr Siôn Salbri o Leweni, (iv) Robert Salbri o'r Plas Isa yn Llanrwst, sef ail fab yr enwog William Salesbury. Awgryma'r cyfeiriad yn ll. 51 at Lanrwst, ynghyd â'r cyfeiriad at Gae'r Brychiaid yn ll. 62, mai'r olaf oedd yr eirchiad. Canodd Tomas Prys gywydd i ofyn tair caseg ganddo ef a dau ŵr arall dros Robert Wyn, gw. Llsgr. Mos 112, 272.

Tomas Prys o Blas Iolyn: gw. 28n.

Dylid cymharu disgrifiad y cywydd hwn â'r disgrifiad yng nghywydd Siôn Tudur i ofyn gwn, gw. *GST*, rhif 48.

29-30: Mae'n amlwg mai milwr yn y Rhyfel Naw Mlynedd a ddechreuodd gyda goresgyniad Louth ym mis Mai 1595 oedd Tomas Owen. Ym mis Mawrth 1603 yr ildiodd Hugh O'Neill, iarll Tyrone, i fyddin y Goron. Ffodd i'r Eidal ym mis Medi 1607 lle y bu farw, gw. y bennod 'Hugh O'Neill, Second Earl of Tyrone (1540-1616)' yn Andrew Hadfield a

John McVeagh (goln), *Strangers to that Land: British Perceptions of Ireland from the Reformation to the Famine* (Gerrards Cross, 1994), 88-96.

44. **Hector:** Hector fab Priaf o Gaerdroea. Daeth yn safon boneddigeiddrwydd i'r beirdd, gw. *TYP*, 336-7.

55. *n* wreiddgoll.

57. *n* wreiddgoll.

62. **i Gae'r Brychiaid:** Mewn dogfen a ddengys pa fodd y rhannwyd tiroedd Robert Salbri, brawd hynaf William Salesbury, gan gyflafareddwyr, dyfernir bod William Salesbury i gael tir yn Llanrwst a elwid *Cayr Brychiaid* a fuasai'n eiddo i Owen ap Rheinallt, gw. E. D. Jones, 'William Salesbury a'i Deulu, 1546', *B*, vii (1933-5), 139. Ar ôl marw William Salesbury, yr oedd y tir i fynd yn eiddo i Siôn, ei fab hynaf, a'i etifeddion, neu yn niffyg epil, i Robert yr ail fab ac Elin y ferch, gw. *ibid.*, 140.

72. **ar lled:** gw. 2. 38n. uchod.

102. *n* wreiddgoll.

107. *n* wreiddgoll.

(30)

Syr Wiliam Hanmer o'r Ffens ym Maelor Saesneg: ceir ach y teulu yn *WG(2)*, vi. 951. Urddwyd ef yn farchog ar 23 Gorffennaf 1603, a bu farw yn 1621, gw. *Dwnn*, ii. 313 n.3.

Ifan ap Maredudd o'r Lloran Uchaf ym mhlwyf Llansilin: am ei ach, gw. *WG(2)*, i. 78. Derbyniodd addysg ffurfiol fel cyfreithiwr, ac fe'i penodwyd yn atwrnai yng Nghyngor Cymru a'r Gororau yn Llwydlo, gw. llau. 35-6n. isod. Bu'n ddraenen boenus yn ystlys yr Esgob William Morgan pan oedd yn ficer plwyf Llanrhaeadr-ym-Mochnant, gw. R. Geraint Gruffydd, 'William Morgan yn Llanrhaeadr (1578-1596)', *Y Traethodydd* (Ebrill, 1990), 79-81.

Rhys Cain: bardd ac arwyddfardd a drigai yn Stryd Wylyw, Croesoswallt, ac a fu farw yn 1614, gw. D. J. Bowen, 'Croesoswallt y Beirdd', *Y Traethodydd* (Gorffennaf, 1980), 141-2. Disgybl ydoedd i Wiliam Llŷn. Ceir ysgrif arno yn *BC*, 791, ac yn *CLC*, 651. Yr oedd ei fab, Siôn Cain (*c.*1575-*c.*1650), hefyd yn fardd.

14. **Syr Tomas Hen:** ei hen daid oedd Syr Tomas Hanmer o'r Owredd, tad Elinor ei nain, gw. *WG(2)*, vi. 950.

15. **o Ginastiaid:** ar ochr ei fam, Marged ferch Dafydd Cinast, gallai arddel perthynas â llwyth Cinast.

35-6:   Ceir cofnod am ei benodiad yn Llwydlo, 22 Mawrth 1571, yng Nghofrestr Cyngor Cymru a'r Gororau: 'Whereas Michel Sewell gent. one of the Attorneys of this court is departed, wherby his place is become void; forasmuch as Evan Meredyth one of the Clerks of this court, by his long continuance in that calling has so well used himself that he deserves to be Attorney instead of Sewell', gw. Ralph Flenley, *The Register of the Council in the Marches of Wales 1569-1590* (London, 1916), 95.

39:     Yr oedd cysylltiad teuluol rhyngddynt. Priododd taid Syr Wiliam, Tomas Hanmer, â Siân, a oedd yn chwaer i fam Margred, gwraig Ifan ap Maredudd.

45.   **Melwas:** gw. 2. 14n. uchod.

66.   *n* wreiddgoll.

75.   **Lliw draig goch:** cymh. y disgrifiad enwog o darw mewn cywydd diolch gan Ddeio ab Ieuan Du, *GDIDGIH*, 15. 55.

Geirfa

abid, 2. 38, gwisg gŵr mewn urddau.

adwyth, 23. 44, dinistriol, angheuol.

addwyn, 4. 26, hawddgar, anrhydeddus; **addwyna',** 4. 65.

afanc, 14. 42, llostlydan, befer.

afrlladau, 27. 61, llu. *afrllad*, teisen denau a ddefnyddir yng ngwasanaeth yr offeren.

affaith, 1. 6, (i) ansawdd, neu (ii) cynhorthwy.

aig, 7. 16, haid o bysgod.

alaeth, 14. 61, cwynfan, gofid, galar.

alwar, 4. 44, 50, pwrs.

amner, 4. 9n.

amrosgo, 8. 24, mawr, anferth.

anadach, 19. 55, mwy arbennig, hynotach.

anelwyd, 22. 84, amhers. gorff. *anelu*, plygu, camu.

angddwrn, 1. 83, gafael, crafanc.

anhywaith, 18. 70, afreolus, gwrthryfelgar.

anllad, 30. 90, chwantus.

anrhaith, 9. 68, anifeiliaid fferm.

ansawdd, 1. 54, ymborth, lluniaeth.

anturio, 8. 70, herio.

anwe, 30. 74, edafedd croes a weithir yn gyfrodedd i'r ystof.

anwyledd, 25. 8, cariad, serch.

aposer, 26. 53n.

arail, 10. 6, hela, erlid; 15. 28, bugeilio, gwarchod.

araul, 1. 87; 2. 29; 30. 65, disglair, gloyw, sgleiniog.

arch, 9. 13; 15. 10, rhodd.

arfod, 29. 12, blaenfyddin; 29. 14, ymosodiad, ergyd.

arfoll, 10. 33, croesawu, derbyn.

arial, 17. 73; 23. 89, nwyf, bywiogrwydd; 1. 7; 30. 58, ffyrnigrwydd.

arwain, 1. 9; 10. 35; 14. 30; 17. 94; 23. 47, dwyn, cario.

aseth, 16. 44, llath flaenllem, gwialen.

asgen, 1. 85, niwed.

asur, 2. 36; 22. 69, y lliw glas.

awchus, 28. 5, 98, miniog, llym.

ban, 8. 47n.

banc, 30. 19, twyn, ucheldir; 28. 104, glan.

bar, 7. 36, cledren y saif carcharor wrthi; llys barn.

bar, 28. 5, polyn, gwaywffon.

bâr, 9. 1, llid, gofid, pryder.

basgau, 6. 48, llu. *basg*, magl neu lygad rhwyd.

baslart, 1. 69, cleddyf bychan neu ddagr.

bath, 3. 64, arian.

ben, 27. 97, gw. **men.**

berrau, 18. 74; 25. 72, llu. *ber*, coes, esgair.

berth, 6. 55, hardd, gwych, cyfoethog.

bir, 23. 54; 27. 6, cwrw.

blaenai, 30. 35, 2 un. amherff. *blaenu*, arwain.

blif, 16. 52, peiriant hyrddio cerrig mewn rhyfel.

blonegen, 19. 46, haenen o fraster y bol.

blwng, 27. 63, dicllon, ffyrnig, llym.

boglynnau, 22. 58, llu. *boglyn*, cnepyn crwn.

bollt, 10. 37, saeth fer, braff.

bos, 22. 80, boglyn, cnepyn.

both, 20. 70; 22. 79; 27. 83, bogel olwyn.

braisg, 21. 45; 30. 51, helaeth; 23. 15; 30. 20, cadarn, nerthol.

bratiau, 14. 60, llu. *brat,* clwt, cerpyn.

brau, 3. 36; 21. 45, 79; 22. 35; 27. 4; 28. 41, rhydd, rhwydd, hael, dibrin; 21. 80; 23. 16; 28. 5; 22. 42, gwych, coeth, gwych; 8. 19, bregus, eiddil; **breua',** 23. 37; 30. 20, tyner.

brecini, 6. 60, ewyn.

breiniog, 25. 9, urddasol.

bremain, 23. 62, rhechain.

breuder, 21. 57, parodrwydd i roi, mawrfrydigrwydd; **breuder,** 29. 61, haelioni.

brigawn, 8. 40, arfogaeth, llurig.

brochi, 29. 62, ffyrnigo, cynddeiriogi.

brodir, 11. 5, ardal, dyffryndir.

broetsio, 22. 48, tyllu.

brwd, 22. 75, poeth.

brwyd, 8. 65, brodwaith; **brwydau,** 6. 59; **brwydau Groeg,** 21. 64n; gw. hefyd **deufrwyd.**

brwyts, 22. 48, broets, clesbyn.

bùl, 22. 73, plisgyn had.

bw, 30. 88, rhu tarw.

bwbach, 9. 21; 30. 87, bwgan.

bwcled, 22. 47, tarian.

bwlch, 27. 11, diffyg, gwall, eisiau.

bwn, 12. 46, aderyn cors o dylwyth y crëyr.

bwytgyn, 1. 51, 55, dagr flaenfain.

bylan, 19. 30, pwtyn boldew.

bynar, 13. 26, amrywiad ar baner.

cad, 15. 14; 24. 32, llu, haid.

caened, 6. 58, gwisg, gorchudd, tudded.

caered, 17. 87, mur, gwal.

caith, 8. 22, llu. *caeth,* carcharor.

calyn, 6. 43; 25. 24, canlyn.

callestr, 29. 83, carreg dân, fflint.

can, 10. 22, gwyn; 17. 12, gloyw, disglair; 18. 37, bara (gwyn).

cannyn, 15. 19; 20. 15, *cant + dyn.*

canon, 11. 41n.

carennydd, 2. 31; 30. 39, perthynas, cyfeillgarwch.

carl, 3. 34; 10. 11, taeog, gwladwr anfoesgar; **carliaid,** 25. 52.

carsiwn, 1. 74, ciwed.

casul, 8. 67, mantell.

catel, 5. 61, eiddo, da symudol.

catgoriau, 7. 9n.

cau, 8. 53; 25. 60, caeëdig; 20. 40; 30. 89, pantiog; **ceuon,** 9. 54.

caul, 30. 66, bol, stumog.

ced, 10. 39; 22. 15, anrheg, rhodd.

ceden, 30. 56, blewiach.

ceir, 27. 96, llu. *car,* men, trol.

cennad, 28. 24, caniatâd.

cennyw, 19. 51, 3 un. pres. *canfod.*

cerwyn, 20. 40; 25. 50; 28. 69, baril, casgen, llestr mawr.

cestog, 27. 93; 28. 68, crwn, chwyddedig.

ciwed, 25. 91, haid.

claer, 24. 62, tirion, tyner; 22. 85, disglair, gloyw, gwych.

claim, 22. 2; 24. 16, hawl, braint.

clau, 26. 20, 47, cywir, diffuant, eglur.

cleinant, 11. 39, *clai + nant,* dyffryn cleiog.

cleiriach, 14. 30, henwr musgrell.

clep, 20. 47n.

clior, 24. 62, blwch, cist, coffr.

clwyd, 22. 51, cysgod, gorchudd.

cnot, 22. 8, campwr; 24. 74, nod rhagoriaeth.

cnwc, 14. 62, cnoc, ergyd.

cnydlawn, 25. 53, ffrwythlon, cynhyrchiol.

cnyw, 17. 63, 92, ebol neu farch.

coetennau, 27. 65, llu. *coeten,* disg.

cofiawdr, 1. 50, cofiadwy.

coliog, 18. 62, pigog, colynnog.

consuriwyd, 14. 41, amhers. gorff. *consurio,* swyno, dewinio, creu.

côp, 12. 49; **cob,** 17. 23; 26. 44, hugan neu glogyn hirllaes clerigwr.

cop, 12. 50, copa, brig, pen.

corf, 2. 3, cynheiliad, ceidwad.

cornor, 20. 12, arweinydd; 25. 92, blaenor haid o wenyn.

cort, 16. 59, rheffyn, cortyn.

cost, 5. 35, 54; 8. 30; 18. 20, traul, darpariaeth; 28. 27n.

crawennau, 27. 59, 66, llu. *crawen,* tonnen.

credyd, 28. 34, ymddiriedaeth.

crinaw, 27. 30, *crino,* gwneuthur yn grintach.

croesi, 14. 22; 29. 13, bendithio, amddiffyn.

crofft, 22. 59, maes neu gae bychan.

croywffel, 27. 22, *croyw + ffel,* pur ac annwyl, hoffus.

crynllwdn, 30. 68, llwdn crwn.

cun, 30. 10, arglwydd, pennaeth.

cwarel, 22. 52, cloddfa gerrig.

cweirio, 1. 57, *cyweirio,* torri, tacluso, trin; **cyweiriaw,** 20. 37.

cwfert, 10. 53, cysgod, lloches.

cwling, 29. 66, rhywbeth israddol.

cwrel, 13. 20n.; 22. 52, Saes. *coral.*

cwrser, 23. 48, march cryf a chyflym; **cwrseriaid,** 19. 18.

cwrtiwr, 28. 53, gŵr llys, uchelwr.

cwyts, 4. 59, congl, cuddfan, gorweddfan.

cydawr, 10. 37, cydgordio, cydseinio.

cydled, 29. 6, o'r un lled.

cydran, 23. 21, cyfrannog.

cydwaed, 30. 9, câr o'r un gwaed.

cyfannedd, 25. 2, 49, cymdeithasgar, dymunol; 10. 39, preswylfa.

cymharu, 27. 18, ieuo, cysylltu, priodi.

cynhedlawg, 25. 53n.

cynhwyllion, 8. 62, amr. ar *cnewyll,* hadau ffrwythau.

cynllyfanau, 1. 58, llu. *cynllyfan,* tennyn lledr; **cynllyfangwn,** 10. 7, cŵn ar dennyn.

cyrfer, 9. 57n.

cyrs, 2. 49, llu. *cors,* corsennau, cawnenni.

cywarch, 6. 56, planhigyn y gwneir ohono edafedd mân a weithir yn rhaffau.

cyweithas, 1. 47, hwylus, parod.

cywirchwaen, 1. 61, *cywir + chwaen,* camp neu weithred gywir.

cywyddol, 4. 26, bardd, prydydd.

chwidr, 28. 91, un cyflym, chwimwth, bywiog.

damasg, 4. 46, defnydd sidan.

darllëwr, 6. 13; 12. 54, darllenwr.

dart, 22. 13, gwaywffon, picell.

deféin, 26. 18, diwinydd.

der, 19. 38, cyndyn, croes.

dera, 14. 28, y diafol.

deufrwyd, 4. 64n; gw. hefyd **brwyd.**

dewrgadr, 25. 42, *dewr + cadr,* dewr a nerthol.

dianael, 28. 41, haelionus, caredig.

dianair, 15. 7, di-fai, cymeradwy, clodfawr.

di-baill, 29. 76, yn ffigurol am bowdr gwn.

di-bŵl, 17. 85, cryf, medrus, cyflym.

didi, 27. 86, teth.

didrip, 27. 71, heb faglu, didramgwydd.

di-drwch, 30. 23, llwyddiannus.

di-dwn, 27. 23, cyflawn, perffaith, di-freg.

diddwyn, 15. 14, diddyfnu.

d'fethu = difethu, 20. 70, ysu; maen â thwll ynddo.

di-grug, 29. 26, diofid.

digudd, 22. 67, *di + cudd,* amlwg.

di-gŵl, 24. 59, di-nam, di-fai.

diliau, 6. 58; 25. 74, llu. *dil,* crwybr gwenyn.

dilid/dilyd, 20. 46; 29. 53, dilyn.

diochrwaith, 25. 43, *diochr + gwaith,* gwaith union, diwyro.

dirynnu, 17. 69, carlamu.

disgluswaith, 22. 69, *disgeulus + gwaith,* gwaith diesgeulus.

dlif, 1. 70, ystof, gwe; **dylifo,** 17. 57, gweu, plethu.

dobio, 19. 43, taro, curo.

dôl, 9. 67, dolen dan wddf ych.

dorwn, 22. 25, 1 un. amh. *dori, darbod,* bod o ddiddordeb.

drelyn, 14. 61, dihiryn, hurtyn.

dropio, 20. 51, disgyn, syrthio.

drws, 15. 6, bwlch neu adwy rhwng mynyddoedd.

drych, 27. 29, esiampl, patrwm.

drychlam, 30. 25, *drych + llam.*

drythyll, 17. 67, un bywiog.

durfing, 1. 1, caled.

dwbled, 21 (teitl), dilledyn am ran ucha'r corff; **dwbledau,** 20. 64.

dydd caeth, 7. 8, dydd ympryd.
dyddio, 7. 35; **dyddiaw,** 16. 35, cyfryngu, barnu rhwng pleidiau gwrthwynebol.
dyfrys, 1. 68, buan.
dyledawg, 26. 88, bonheddig, o uchel dras.
dyly, 7. 18, bod â hawl, haeddu, meddiannu; **dlyai,** 27. 112.
dyrys, 6. 40; 10. 8; 18. 54, gwyllt, aflywodraethus, drygionus.

Ebryw, 26. 64, Hebraeg.
echwydd, 23. 45, canol dydd, prynhawn.
echwyn, 18. 77, rhywbeth wedi ei fenthyca neu wedi ei roi ar fenthyg.
echwynfawr, 5. 45, *echwyn* + *mawr*, (i) cwyn fawr, neu (ii) benthyciad teilwng.
egroes, 13. 28; 22. 54; 30. 82, ffrwythau coch y rhosyn gwyllt.
engyl, 1. 62, tân.
eilio, 21. 71, plethu, nyddu.
eilon, 22. 40, carw, hyddod.
eirin Mair, 22. 64, gwsberis.
eirioes, 2. 74, teg, prydferth, disglair.
elain, 11. 43; 17. 74, 91, carw ifanc, ewig.
elydr, 2. 45, pres, efydd.
ener, 2. 1, arglwydd, pennaeth.
erddrym, 1. 43, rhagorol, urddasol.
erw, 21. 71n; **erwi,** 22. 68, llu. *erw.*
eurych, 20. 56, gof aur neu arian, saernïwr.
ewinrhew, 1. 64, y grepach, merwindod ym mlaenau'r bysedd.

fâl, 13. 14, Saes. *vale.*
felwed, 21. 67, melfed.
fellýn, 13. 8, fel hyn.

ffaelia, 25. 21, 3 un. pres. *ffaelio,* methu.
ffeils, 26. 108, llu. *ffals,* cyfeiliornus, anffyddlon, bradwrus.
ffelwed, 21. 55, melfed.
ffens, 2. 66n.
fflicht, 10. 36, saeth ysgafn.

ffod, 9. 64, cwlltwr, darn o bren neu haearn ar flaen aradr i reoli dyfnder y gŵys.
ffonnod, 22. 82, dyrnod, ergyd â gwialen.
Ffrawns gwn, 17. 44n.
ffres, 18. 31, bywiog, cefnog, egnïol; 21. 75, newydd, glân, ir.
ffris, 13. 40, brethyn blewog.
ffriw, 17. 43; 28. 94, trwyn, pen.
ffrwst, 29. 51, rhuthr, ffwdan.
ffrwythlan, 23. 87, *ffrwyth* + *glân,* pur ei weithredoedd.
ffrydau, 28. 55, llu. *ffrwd,* llif chwyrn, cerrynt.

gafael, 11. 1n
gain, 10. 14n.
galawnd, 21. 35, gŵr bonheddig, dewr.
galawnt, 8. 69; **galont,** 3. 30, hardd, gwych, teg.
galeri, 28. 72, ystafell neu dramwyfa hirgul.
galon, 8. 11; 21. 10, llu. *gâl,* gelyn, gwrthwynebydd.
gar, 14. 29, clun.
garanod, 2. 31, llu. *garan,* crëyr, crychydd.
garddoi, 15. 37, ffurf dafodieithol *gardiau,* llu. *gard,* teclyn ar gyfer cribo gwlân.
garw, 15. 33n.
geol, 18. 68, carchar.
gibws, 18. 63, llosg eira, yn enwedig ar y sawdl.
gild, 4. 53; 8. 32, eurad, goreurad.
girad, 26. 85, chwerw, alaethus, echrydus.
glain, 1. 9, trysor; 24. 23, glân, pur; 17. 49; 25. 17, gem, maen gwerthfawr, perl; **gleiniau,** 2. 32.
gleifiawdr, 1. 86, milwr yn ymladd â glaif neu waywffon.
gleisiad, 20. 4; 22. 60, eog ifanc.
glob, 27. 82, pelen, cronnell.
glwys, 26. 10, glân, pur, sanctaidd.
gne, 8. 49, o'r un wedd.
goflawd, 20. 55, llwch blawd, ysgubion melin.

gogymysg, 25. 57, *go* + *cymysg.*

golchi, 19. 45, 47, curo, ffustio, pwnio; **golchai,** 20. 63.

gold, 2. 47, blodau melyn, rhuddos.

goldwir, 4. 53, euraid.

goleithig, 16. 25, marwol.

gordderch, 30. 91, cariad, cywelyes.

gorffowys, 10. 12, gorffwys.

gorhoffedd, 2. 4, anwylyd.

gorwydd, 9. 44; 17. 88; 19. 23, march, ceffyl.

gosawg, 12. 34n., 67; 14. 17.

goseb, 21. 53, rhodd, anrheg, calennig.

gosgedd, 29. 31, ffurf, llun.

gradell, 20. 71, llechfaen y pobir bara arni.

graen, 21. 68, (i) gwead, neu (ii) gwedd, gorffennedd.

grâps, 22. 52, llu. *grâb,* grawn gwinwydd.

grawn, 22. 60, clwstwr o fân wyau pysgodyn.

grifft, 22. 59, had llyffant.

grotiau, 4. 57n.

grwn, 9. 60; 16. 12; 22. 57; 27. 70, darn o dir wedi ei aredig.

grymiant, 24. 12, nerth, gallu.

gwaedwyr, 21. 37, llu. *gwaedwr,* lladdwr, milwr.

gwaegau, 8. 68, llu. *gwaeg,* bwcl, clasb.

gwaisg, 24. 11, gwych, rhagorol.

gwaith, 1. 12; 22. 75, 77, crefftwaith, saernïaeth.

gwalop, 20. 47, carlam.

gwanar, 2. 18, arglwydd, tywysog, arweinydd; 7. 32, rhyfel, brwydr.

gwaneg, 4. 11; 25. 38, ffurf, pryd, gwedd.

gwarant, 26. 69, 70, sicrwydd, diogelwch; **gwrantu,** 29. 27, sicrhau, diogelu.

gwasarn, 29. 10, gwellt neu frwyn o dan anifeiliaid, neu beth y sengir arno.

gwasgŵyn, 8. 24, ceffyl o Wasgŵyn yn Ffrainc.

gwatworus, 19. 49, coeglyd, dychanus.

gwawd, 1. 26; 2. 76; 11. 53; 30. 96, moliant.

gwedd, 24. 56, cynnwys, dal, derbyn.

gweddaidd, 15. 14, hardd, gwych.

gwg, 30. 61, golwg ffrom.

gwiber, 16. 36, neidr wenwynig; **gwiberod,** 16. 53.

gwilff, 23. 57, caseg wyllt.

gwilog, 23. 50, caseg.

gwisgi, 28. 56, sionc, chwim.

gwrda, 2. 12; 20. 19; 26. 69, uchelwr, pendefig, dyn rhinweddol.

gwrdd, 20. 26, gwrol, grymus, cadarn.

gwrengyn, 14. 48, cnaf, costog.

gwrychau, 22. 61, llu. *gwrych,* blagur, ysgewyll.

gwryfiau, 18. 72, llu. *gwryf,* gwasg, feis.

gwrymau, 9. 61, llu. *gwrym,* gwnïad, rhwymiad; **gwrymio,** 8. 60, gwnïo neu rwymo ynghyd.

gwrysg, 2. 52, gwiail, cawn, corsennau.

gwyar, 1. 82, gwaed.

gwyddiad, 17. 86, 3 un. amherffaith *gwybod.*

gwŷl, 7. 30; 14. 39, 3 un. pres. *gweled.*

gwylain, 2. 29; 15. 35, llu. *gwylan.*

gwyrain, 18. 76n.

gwythi, 21. 65, 66, llu. *gwyth, gwythien;* 25. 67, llu. *gwyth,* cornant.

hap, 7. 19, 51; 14. 18; 26. 80; ffawd dda, ffyniant, lwc; 28. 52, siawns.

heiliwr, 21. 49, darparwr.

heiniar, 12. 22, cynhaeaf, ffrwyth, arlwy, lluniaeth.

helynt, 28. 46, mordaith.

henyw, 23. 14, 3 un. pres. *hanfod,* hanu.

heusor, 14. 40, bugail.

himp, 9. 32, amr. ar *imp,* blaguryn.

hoit, 27. 62, chwipiad.

hoywalau, 6. 31, (i) rhan o'r afon sy'n llyfn, neu (ii) rhan o'r afon sy'n chwyrn.

hual, 18. 70, carchar, llyffethair.

huling, 3. 57, cwrlid, mantell, gorchudd.

hur, 7. 18, gwobr, rhodd, ced; 9. 70, wedi ei logi.

hws, 17. 54, carthen a roir ar gefn march.

hwylio, 14. 43, (i) arwain, neu (ii) ymlid.

hydr, 25. 37; 26. 74, cryf, nerthol, gwrol. 22. 59, arbennig, neilltuol.

hyged, 26. 77, hael, cymwynasgar, mwyn.

hylawn, 22. 9, cyforiog, cyflawn.

hyswi, 15. 38, gwraig tŷ.

hywerth, 4. 23, gwerthfawr.

iad, 30. 60, talcen.

iaen, 8. 45; 22. 72, haenen neu glwt o iâ.

iau, 30. 33, awdurdod.

iawnedd, 27. 28, cyfiawnder, uniondeb.

irad, 28. 47, trist, alaethus.

iraid, 30. 70, saim.

iraidd, 28. 2, llewyrchus.

irwaisg, 24. 23, *ir + gwaisg,* gwych, rhagorol.

isgell, 1. 82, gwlybwr.

is gil, 23. 68, tu ôl, ar gefn.

lwc, 21. 80, ffawd dda, ffortun.

lwfer, 14. 38, simnai.

llafn, 30. 89, anifail gwaith, cryf ac atebol.

llain, 10. 34, gwaywffon.

llamhidydd, 28. 66, llamwr, neidiwr.

llibin, 23. 83, llipa, difywyd, llegach.

lliniau, 21. 72; 22. 67, llu. *llin,* llinell, rhesen.

llurig, 6. 61; 10. 32, crys mael, pais ddur.

lluwch, 15. 11, lluchiad eira.

llwdn, 1. 13; 30. 52, anifail; **llydnod,** 23. 84.

llydnod, 2. 35, llu. *llwdn,* aderyn ieuanc.

llygrau, 26. 108, llu. *llwgr,* dirywiad moesol, llygredigaeth.

llysiau, 25. 77, blodau, planhigion.

llysieuoedd, 12. 23, llu. *llysiau,* perlysiau, sbeisys.

macwy, 8. 30. gŵr ieuanc.

madyn, 11. 40, llwynog.

maen beril, 14. 7n.

maentumiwn, 28. 43, 1 un. amherff. *maentumio,* diogelu, amddiffyn.

main, 22. 72, llu. *maen,* carreg.

malen, 22. 55, tarian.

maner, 22. 20, (i) dull, ffordd, neu (ii) rhywogaeth.

manna, 25. 62, bara nefol.

manod, 25. 56, eira mân, lluwch.

manol, 9. 35, hardd, gwych, teg.

manwyr, 26. 32, gwŷr distadl, dynionach.

marchbren, 27. 90, trawstbren cynhaliol.

marchiad, 29. 64, yn ffigurol, cyfathrach rywiol.

marwar, 30. 86, marwor.

marwydos, 2. 70, marwor neu sindrys poeth.

maswy, 15. 27, di-fudd, di-werth.

mawrwaisg, 23. 15, *mawr + gwaisg,* cadarn, urddasol.

medlai, 30. 84, brethyn amryliw; **medleilas,** 3. 43, *medlai + glas.*

mefiliau, 7. 12, y dydd o flaen dydd gŵyl a neilltuir ar gyfer defosiwn ac ympryd; gwylnos.

men, 9. 6; 27. 56, 57, 90, certwain, trol.

menych, 5. 57, mynaich.

merwys, 16. 22n.

miniaw/minio, 10. 19, 49, cloddio, turio.

miniwr, 10. 47, cloddiwr, turiwr.

mintag, 23. 78, chwydd gwyn, caled yn nhaflod safn ceffyl.

miw, 12. 66, cawell hebog.

moester, 24. 9, cwrtais, moesgar.

morteisiau, 27. 68, llu. *mortais,* twll, rhigol; uniad, asiad.

muchudd, 30. 83, sylwedd du, eboni.

mulfranod, 29. 78, llu. *mulfran,* morfran, aderyn sy'n plymio i'r dŵr.

mursennod, 29. 52, llu. *mursen,* gwraig anniwair, putain.

mwdwl, 30. 98, twmpath.

mwnai, 4. 52, arian bath, cyfoeth.

mwnws, 27. 106, gweddillion diwerth, gwaddod, mân us.

mwrrai, 16. 24, cochddu, coch tywyll, porffor.

mwyedig, 7. 43, helaeth, ffrwythlon.

myllt, 15. 24, llu. *mollt,* oen gwryw wedi'i sbaddu.

mynfyr, 17. 25, ffwr gwyn.

mynudlathr, 1. 56, (i) defod lachar, neu (ii) wyneb llyfn a disglair.

nasiwn, 25. 59, cenedl.

nedd, 14. 35, wyau llau.

nithiaist, 29. 15, 2 un. gorff. *nithio,* gwahanu, chwalu.

nod, 16. 54, targed.

nodadwy, 27. 41, nodedig, amlwg, a haedda sylw.

nodol, 24. 69; 27. 25, nodedig, hynod, enwog.

notio, 25. 96, sylwi ar, craffu ar.

nwmbrio, 18. 6, (i) mesur, neu (ii) dwyn i ben, gorffen.

obry, 6. 56; 20. 53, islaw, oddi tanodd.

od, 21. 33, 34, gwych, rhyfeddol.

odlir, 13. 47, amhers. pres. *odli,* cymharu.

oddf, 8. 22, twddf caled ar goeden.

offis, 19. 37, gwaith, gorchwyl, gwasanaeth.

ogfaen, 30. 81, egroes, ffrwythau'r rhosyn gwyllt; **ogfaenllwyn,** 13. 24.

olew, 3. 15, ennaint.

onynt, 25. 85, ohonynt.

oraets, 17. 8, oren.

osai, 10. 29, gwin gwyn melys.

paladr, 25. 4, gwaywffon.

pali, 21. 55, sidan.

palis, 8. 57, pared, amddiffynfa.

pân, 14. 25; 18. 36, ffwr, manflew.

pawns, 14. 55, stumog, bol.

pedrain, 17. 50, crwper.

peg, 14. 55n.

peilliaw, 20. 54, nithio ŷd.

pêl, (cael y bêl), 28. 4n.; **pelau,** 22. 73, llu. *pêl.*

pennod, 23. 34, cyrchnod, targed, pen taith.

pentis, 13. 34, estyniad ar dŷ.

pentwynaw, 27. 100, gwegian, simsanu, siglo.

penwn, 13. 26, 45, baner gul a wisgid gan farchog.

perc, 12. 45, clwyd adar.

pìn, 20. 51, Saes *pin,* hopran; **pìn, (ni rôi bìn),** 29. 60, peth diwerth.

pinerau, 29. 86, llu. *pinner,* cas neu wain yn ffigurol.

pis, 14. 40, 3 un. pres. *piso.*

planed, 3. 7, goleuni.

pôr, 1. 43; 2. 19, arglwydd.

prennol, 2. 41; 4. 24; 28. 75, blwch, cist, coffr.

presen, 9. 5, parhaol, cyson.

presiant, 24. 47, amrywiad ar *present,* presenoldeb.

rest, 8. 36, teclyn y gorffwysai gwaywffon arno ar wisg arfau.

ridens, 8. 63, ymylon.

ruwl/rhuwl, 27. 60; **ruwlio,** 11. 40; **ruwliai,** 28. 16, 3 un. amherff. *ruwlio,* rheoli, llywodraethu; **rhuwliaist,** 28. 33, 2 un. gorff. *rhuwlio.*

ruwliwr, 28. 18, rheolwr, llywodraethwr.

rhawd, 6. 49, llu. lliaws.

rhawnllaes, 30. 90, *rhawn + llaes,* llaes ei flew.

rhedyn Mair, 2. 54n.

rheiol, 18. 32; 22. 6, nobl, gwych.

rhent, 5. 3, tâl, elw.

rhician, 28. 78, yn ffigurol, ysgyrnygu, rhincian, cnoi.

rhocio, 28. 78, siglo.

rhodau, 27. 59, 83, 104, llu. *rhod,* cylch.

rhoddiadau, 26. 49, llu. *rhoddiad,* rhodd.

rhotho, 16. 66, 3 un. dib. pres. *rhoddi.*

rhull, 15. 9, parod, hael.

rhusia, 19. 54, 56, 3 un. pres. *rhusio,* cyffroi'n sydyn; **rhusio,** 23.56.

rhwnc, 20. 45, chwyrniad, rhoch.

rhwth, 19. 30, chwyddedig.

rhygerth, 29. 13, aruthr iawn.

rhyglyddant, 26. 89, 3 llu. pres. *rhyglyddu,* haeddu.

rhyw, 4. 14; 19. 59; 21. 17, naturiol, arferol.

rhyw, 23. 22; 25. 15; 26. 31, 33; 28. 9, 13, 14, rhywogaeth, hil.

sadliw, 19. 5, *sad + lliw,* lliw diysgog, cadarn.

satyn, 21. 68, deunydd sidanaidd, gloyw.

sawd, 28. 8, ymosodiad.

sawdiwr, 8. 52; 29 .1, milwr.

sawyr, 19. 33, arogl.

sein, 25. 15, arwydd.

sens, 12. 24, arogl.

serfyll, 28. 91, lloerig, simsan.

setel, 14. 26, eisteddle.

siac, 14. 52, 58, talfyriad o *siacnâp,* sef mwnci dof.

siamled, 17. 54, lliain ysgafn, camlod.

siamplau, 25. 64, llu. *siampl,* enghraifft, patrwm.

siâs, 22. 71; 28. 73, ymlid, brwydr.

siêd, 19. 40n.

sirian, 2. 48, 30. 77, ceirios.

sirig, 4. 20, deunydd tebyg i sidan.

slotian, 28. 58, padlo; arnofio.

sor, 1. 53; 10. 1, dig.

soredig, 23. 74, dicllon.

staeni, 19. 6, 2 un. pres. *staenio,* llychwino, llygru.

stent, 30. 22, ystad.

stondardd, 16. 46, baner.

sucanwr, 14. 52, bwytawr sucan neu lymru.

syfi, 13. 42, mefus.

tabler, 19. 38n.

tai, 4. 51; 8. 28, tŷ.

tanllestr, 29. 83, llestr tân.

tapin, 3. 37, cwrlid.

tarennydd, 29. 30, llu. *tarren,* creigle, bryncyn.

tario, 27. 53, oedi, sefyll, aros; **taria,** 5. 59, 3 un. pres. *tario.*

tau, 9. 48, 3 un. pres. *tewi,* bod yn dawel.

temig, 9. 27, mymryn.

ten, 27. 56, ffurf fenywaidd yr ansoddair *tyn.*

tenwr, 16. 57, Saes. *tenor.*

tewynllyd, 29. 83, yn bwrw tewynion tân. **tid,** 9. 66, cadwyn.

tinffagl, 23. 63, *tin + ffagl,* fflam.

tirf, 19. 35, bywiog.

toniar, 8. 44n.

tordor, 20. 72, tor wrth dor, yn glòs yn ei gilydd.

torllaes, 30. 54 *tor + llaes.*

torsed, 3. 38, gwrthban.

toryn, 22. 53, ffurf fachigol *tor,* bol, canol; bwlyn.

traeturiaid, 29. 40, llu. *traetur,* bradwr.

trafn, 1. 66n.

trawsaf, 30. 27, gradd eithaf yr ansoddair *traws,* cryf, gormesol.

treinsiwr, 1. 51, 53; 9. 62, math o gyllell; 20. 58, torrwr, naddwr.

tresawnt, 17. 14, tramwyfa, coridor.

treth, 3. 64, taliad.

trimaib, 16. 1n.

troiell, 15. 37, tröell.

trwsiedydd, 26. 79, rhywun yn gwisgo *trwsiad,* gwisg, addurn.

trwynsor, 20. 58, *trwyn + sor.*

tryst, 22. 44, (i) rhywun a weithredai ar ran un arall, neu (ii) sicrwydd am dâl am eiddo.

tudded, 21. 48, gwisg, mantell, gorchudd.

turn, 22. 78, ffurf gron.

turs, 14. 34, ceg, genau.

twrlla, 30. 54, llygoden y mynydd.

twymn, 22. 35, cynnes, gwresog.

twyn, 2. 54, twmpath; **twynau,** 15. 11; 25. 76.

tyrch, 22. 70, llu. *torch.*

ufuddlawch, 1. 29, *ufudd* + *llawch,* amddiffyn ufudd.

ufel, 1. 60, gwreichion tân.

wi, 2. 57, 58n.

ŵlian, 11. 46, ffwdanu mynd.

ŵyll, 23. 83, *gŵyll,* gwrach, ysbryd, drychiolaeth.

ymaelyd, 14. 45, ymaflyd, gafael.

ymaelyddion, 18. 59, gafaelwyr, rhwymwyr.

ymgroeswch, 30. 24, 2 llu. pres. **ymgroesi,** gwneud arwydd y Groes.

ymogel, 16. 65, gochel, osgoi.

ymwan, 8. 41; 10. 34; 16. 1; 22. 8; 28. 45; 30. 58, ymladd.

Ynyd, 7. 10; 12. 65, dydd Mawrth Ynyd, dechrau'r Grawys.

ynys, 2. 24; 11. 11; 21. 83, gwlad, rhanbarth, talaith.

ysgipddwrn, 1. 83, *ysgip* + *dwrn,* dwrn sy'n cipio.

ysgipiol, 7. 16, un sy'n cipio.

ysgo, 7. 15, osgo, gogwydd, gwyriad.

ysgon, 1. 85, ysgafn.

ysgorio, 1. 92, torri, hollti.

ysgorn, 1. 84, dirmyg.

ysgraff, 8. 48, bad, cwch.

ysgyren, 1. 84, dellten.

ysgyrion, 8. 49; 28. 59, llu. *ysgwr,* darn, tamaid.

ystof, 21. 47, gwead, plethiad; **ysto,** 30. 73.

ysturio, 17. 59, prysuro.